PERIHAN ÜGEÖZ

Erziehung im Aufbruch

DIE DORFINSTITUTE IN DER TÜRKEI

PERIHAN ÜGEÖZ

Erziehung im Aufbruch

DIE DORFINSTITUTE IN DER TÜRKEI

Hitit

Die Deutsche Bibliothek – CIP-Einheitsaufnahme

Ügeöz, Perihan:
Erziehung im Aufbruch : die Dorfinstitute in der Türkei /
Perihan Ügeöz. – Berlin : Hitit, 1992
ISBN 3-924423-15-6

ISBN 3-924423-15-6
Titelgestaltung: Lothar Reher
Druck und Herstellung: GAM Media, Berlin

© Hitit Verlag, Berlin
I. Aslan, Besselstr. 13, 1000 Berlin 61
Telefon: 0 30/2 51 06 28, Telefax: 0 30/2 51 06 29

Inhaltsverzeichnis

Einleitung

„Es war einmal ..." So ähnlich müssen die Geschichten meines Großvaters über die Dorfinstitute begonnen haben. Als Maurer hatte er im Dorfinstitut Kepirtepe, nahe der bulgarischen Grenze, gearbeitet. Ich war noch ein Kind, als er mir lebhaft erzählte, daß es Internate gab, die Dorfinstitute genannt wurden, wo man junge Menschen als Lehrer [1] für die Dörfer ausbildete. Aber nicht als Lehrer im herkömmlichen Sinne, sondern als eine Art Dorfpioniere, die der ländlichen Bevölkerung unseres Landes zu einem menschenwürdigen Leben verhelfen sollten. In diesen Internaten, erzählte er mir weiter, arbeiteten, lernten und lebten Lehrer und Schüler gemeinsam; sie aßen und lasen zusammen, plauderten miteinander stundenlang und mehr noch: sie konnten einander hemmungslos kritisieren und ließen es am Respekt füreinander doch nicht fehlen ... Aber wie konnte so etwas möglich sein?

Ich besuchte damals die Grundschule in İstanbul. Meinen eigenen Schulalltag begleiteten so viele Demütigungen und Kränkungen, die

---

1 Das Deutsche ist eine Männersprache, in der der Mann die Norm, die Frau die Ausnahme ist, die extra spezifiziert werden muß, schreibt Trömel-Plötz, womit sie recht hat. (Vgl. Trömel- Plötz, S.: Frauensprache: Sprache der Veränderung, Frankfurt a. M. 1986). Und ein Versuch, in der Sprache beide Geschlechter gleichwertig behandeln zu wollen, erschwert die Lesbarkeit. Als Frau hätte ich in meiner Arbeit zugunsten einer leichteren Lesbarkeit die Ausnahme zur Norm machen können. Aber in Anbetracht der deutlichen Überzahl der Männer in den Dorfinstituten und ihrer überragenden Verdienste, entschied ich mich für die Beibehaltung der Norm, indem ich nur die männliche Form verwende. Diese Entscheidung fiel mir nicht leicht.

mich noch heute schmerzen. Ein kleiner Schmutzfleck an unserem Finger war für unsere Lehrer Grund genug, um uns mit dem Lineal so lange zu schlagen, bis wir blaue Flecke davon bekamen. Oder wie oft mußten wir wegen Nichtigkeiten in einer Ecke des Klassenraumes stundenlang stehen. Ganz zu schweigen von den unzähligen Stunden, die wir über Büchern verbrachten, deren Inhalte wir Wort für Wort auswendig lernen mußten und am Ende doch nichts verstanden.

So hörte ich meinem Großvater aufmerksam zu und glaubte doch kein Wort; ich war insgeheim überzeugt, daß die Dorfinstitute nur ein Produkt seiner Phantasie sein konnten. Schließlich gab es außer ihm auch niemanden, der uns von den Instituten erzählte. In keinem unserer Schulbücher wurden sie erwähnt. Das war überhaupt der wichtigste Grund für meine Zweifel. Denn die Phase der Dorfinstitute hatte in den Jahren 1936 – 37 begonnen, als Mustafa Kemal noch lebte. Er starb zwar im November 1938 und konnte nicht erleben, wie die Dorfinstitute bis 1945 ihren Höhepunkt erreichten und dann allmählich bis 1954 abgeschafft wurden; aber immerhin hatte er die Errichtung dieser Einrichtungen befürwortet.

Mustafa Kemal, so lernten wir, und so lernt man noch heute, hatte die Türkei aus dem Würgegriff der Griechen, Franzosen und Engländer befreit und die Türkische Republik gegründet; er war schlichtweg 'Atatürk', Vater der Türken. Wir lernten unseren Dank für seine Verdienste an der türkischen Nation auf verschiedenste Weise auszusprechen, zum Beispiel indem wir während unserer Schulzeremonien, die fast täglich stattfanden, die Verse folgenden Wortlauts wiederholten: „Atam (mein Vater), erhebe Du Dich aus Deinem Grab, damit ich mich statt Deiner begraben lassen kann." Kurzum, Mustafa Kemals Leistungen gebührte unsere uneingeschränkte Anerkennung und Hochachtung.

Wie verhielt es sich nun aber mit den Dorfinstituten, die er befürwortet hatte, aber die wir nicht als sein Verdienst kennenlernten, zumal sie, wenn man meinem Großvater glauben konnte, einmalige Erziehungseinrichtungen in der Erziehungsgeschichte der Türkei waren?

Jahre später fand ich in der Amerika–Gedenkbibliothek in Berlin ein kleines Buch, das den Titel „Tonguç's Weg" (Tonguç Yolu) trug.[2] Tonguç war ein Name, den ich im Zusammenhang mit den Geschichten über die Dorfinstitute viele Male gehört hatte. „Indem sich Tonguç den Dorfinstituten theoretisch und praktisch widmete, ermöglichte er ihre Entstehung und ihren Erfolg", erinnerte ich mich der Worte meines Großvaters. So entdeckte ich in diesem Buch die Dorfinstitute und mit ihnen meinen Großvater wieder, der mich lehrte, daß die Freiheit des Seins in der Freiheit des Denkens wurzelt.

Anmerkungen zum Quellenmaterial

Anfang 1989 begann ich mit den Recherchen für diese Arbeit. Bald fiel mir ein Buch von Gedikoğlu über die Dorfinstitute in die Hände, das im Anhang eine Bibliographie mit Hunderten von türkischsprachigen Artikeln und Buchtiteln über den Gegenstand enthielt.[3] Die meisten dieser Bücher waren zwischen 1940 und 1970 erschienen. Und daß ich trotz dieser Fülle der erschienenen Publikationen über die Institute doch so lange nichts wieder gehört hatte, beschämte mich aufrichtig. Als es darum ging, die Literaturliste für die Bestellung zusammenzustellen, hatte ich gewisse Mühe, weil ich nicht wußte, auf welche dieser zahlreichen Bücher ich mich konzentrieren sollte. Ich ahnte noch nicht, daß ich mir diese Mühe hätte sparen können. Meine Schwester in İstanbul, die meine Bestellung erhalten hatte, schrieb mir bald: „Ich war in mindestens 20 Buchhandlungen und in zahlreichen Verlagen und alles, was ich auftreiben konnte, sind sage und schreibe 6 Bücher." Man hatte ihr mitgeteilt, daß sie Mühe haben würde, die anderen Bücher zu besorgen. Sie waren größtenteils bald nach ihrem Erscheinen vergriffen, zumal es sich um sehr geringe Auflagen gehandelt hatte. In einigen entlegenen Buchhandlungen fand sie schließlich noch einige wenige weitere vergessene Bücher. Doch

---

2 Başaran, M.: Tonguç Yolu. Köy Enstitüleri: Devrimci Eğitim, İstanbul 1974

3 Gedikoğlu, Ş.: Evreleri, Getirdikleri ve Yankılariyle Köy Enstitüleri, Ankara 1971

alles in allem steht die Zahl der erhältlichen Literatur über die Dorfinstitute in keinem Verhältnis zu der Zahl der Veröffentlichungen.[4]
Was deutschsprachige Publikationen über dieses Thema betrifft, so ist auch ihre Zahl kaum erfreulicher. Außer in einigen kurzen Artikeln wurden meines Wissens von deutscher Seite her keine detaillierten Versuche unternommen, die Dorfinstitute dem deutschen Leserkreis zugänglich zu machen. Dabei wird in diesen Artikeln beinahe übereinstimmend kommentiert, daß das „Modell der Dorfinstitute über die Türkei hinauswirken könnte." Weiter heißt es auch, daß es „ein noch heute vorbildliches Modell für Entwicklungsländer" ist. Diesen Einschätzungen möchte ich mich anschließen. Gleichzeitig frage ich mich aber auch, wie andere Länder von den Dorfinstituten profitieren können, wenn sie so wenig erforscht bleiben.

Daß es mir trotz der spärlichen Literatur, die mir zu Beginn zur Verfügung stand, gelang, diese Arbeit fertigzustellen, verdanke ich der Unterstützung zahlreicher Absolventen von Dorfinstituten, die heute in Berlin und in verschiedenen Städten der Bundesrepublik leben. Ich erfuhr von ihnen, fand sie und konfrontierte sie mit einem Katalog von Fragen, die sie mir ohne auch nur im geringsten zu zögern, geduldig und ausführlich beantworteten. Diese Menschen, obwohl längst nicht mehr jung, beeindruckten mich mit der Frische und Klarheit ihres Denkens. Ob mein Verfahren den Regeln einer wissenschaftlichen Arbeit entspricht, weiß ich nicht. Fest steht jedoch, daß ohne diese Informationen, auf die ich in meiner Arbeit immer wieder zurückgriff, die Lücken meiner eigenen Vorstellung über die Dorfinstitute niemals hätten gefüllt werden können. Diese Absolventen waren es auch, die mir die Anschriften einer Reihe von anderen in der Türkei lebenden Absolventen gaben, aus deren Privatarchiven ich im Laufe der Zeit letztlich doch weit mehr Kopien von Gesetzestexten, Zeitungsartikeln und Büchern erhielt, als ich nach der anfänglichen Erfahrung jemals zu finden glaubte.

Die meisten Zitate aus dem türkischsprachigen Quellenmaterial wurden von mir ins Deutsche übersetzt und mit einer entsprechenden Anmerkung kenntlich gemacht.

---

4 Erst seit 1990 treten wieder etwas mehr Veröffentlichungen über die Dorfinstitute in Erscheinung.

Zum Inhalt der Arbeit

Diese Arbeit handelt von der Geschichte der Dorfinstitute in der Türkei. Zur Geschichte der Dorfinstitute gehören ihre

- Entstehungshintergründe sowie -bedingungen,
- Ziele und Aufgaben,
- Organisations- und Funktionsstrukturen,
- Erziehungs- und Bildungsmerkmale

und schließlich die Phase, in der sie Schritt für Schritt demontiert und am Ende abgeschafft wurden.

Zur Geschichte der Dorfinstitute gehören aber auch die gesellschaftlichen Verhältnisse, in deren Fahrwasser sie entstanden und abgeschafft wurden. Die Auseinandersetzung mit diesen Zusammenhängen schien mir besonders wichtig, weil ich feststellen mußte, daß eine Reihe von Texten über die Dorfinstitute die gesellschaftlichen Rahmenbedingungen sowie die klassenspezifischen Strukturen und ihre Antagonismen außer acht lassen und diese Erziehungseinrichtungen außerhalb gesellschaftlicher Zwänge betrachten. Solche Vorgehensweisen erschweren nicht nur das Verständnis für die Entstehungsursachen der Dorfinstitute; problematisch wird erst recht die Beantwortung der Frage, warum sie abgeschafft wurden.

Für die Darstellung der Entstehungshintergründe der Dorfinstitute beschloß ich, bis zum Ende des Ersten Weltkrieges zurückzugehen, d. h. bis zu jener Phase, aus der sich die Entstehungszusammenhänge des Regimes mit Mustafa Kemal an seiner Spitze nachzeichnen lassen. Mir ist bewußt, daß mittlerweile zahlreiche Bücher vorliegen, in denen dieser Abschnitt der Geschichte wesentlich detaillierter behandelt wird. Ein Teil dieser Bücher diente mir selbst als Quellenmaterial. Dennoch schien mir dieser Ansatz wichtig, weil die klassenspezifischen Strukturen sowie Antagonismen der damaligen und heutigen Gesellschaft der Türkei in den Entstehungszusammenhängen des kemalistischen Regimes angelegt sind und durch sein Vorgehen gefördert wurden. Damit wollte ich dem mit der Geschichte der Türkei nicht vertrauten Leserkreis vor allem eine Hilfestellung zum besseren Verständnis der politischen und sozialen Hintergründe geben, ohne deren Kenntnis die Geschichte der Dorfinstitute nur unvollständig erfaßbar wäre.

Ähnlich wie im Zusammenhang mit der Entstehung der Dorfinstitute versuchte ich, die gesellschaftlichen Umwälzungen und Wandlungen in der Phase ihrer Demontage aufzuzeigen.

Das letzte Kapitel meiner Arbeit ist eine Würdigung der Dorfinstitute. Mein Anliegen war dabei, zum einen ihre erziehungs- und bildungsspezifischen Besonderheiten gegenüber herkömmlichen Schulen zusammenfassend hervorzuheben. Und da die Dorfinstitute gleichzeitig ein Versuch waren, soziale Umstrukturierung durch Erziehung zu erreichen, versuchte ich auch zur Frage der Veränderbarkeit sozialer Strukturen durch Erziehung Stellung zu beziehen. Es hätte den Rahmen meiner Arbeit gesprengt, wenn ich den Versuch unternommen hätte, ihre erziehungs- und bildungsspezifischen Merkmale und ihre gesellschaftsbezogenen Ziele im Rahmen meiner Würdigung ausführlicher zu analysieren.

Meine Schlußbemerkungen sind lediglich eine Skizze des gegenwärtigen Zustandes des Erziehungs- und Bildungswesens in der Türkei. Angesichts der Bildungsmisere stellte sich mir die Frage, welchen Beitrag die Dorfinstitute zu ihrer Überwindung leisten könnten.

Was die länderübergreifende Bedeutung der Dorfinstitute betrifft, so hoffe ich, mit meiner Arbeit zunächst einen etwas ausführlicheren Beitrag zum Kennenlernen der Dorfinstitute geleistet zu haben.

Entstehungshintergründe der Dorfinstitute

Die Herausbildung der „modernen" Türkei

In den Geschichtsschreibungen einiger türkischer Historiker wird Mustafa Kemal als alleiniger Geburtshelfer des im Anschluß an den Ersten Weltkrieg geführten türkischen Befreiungskampfes dargestellt. Diesen Auslegungen zufolge hätte es ohne Mustafa Kemal nicht nur keinen Befreiungskampf gegeben, sondern die Türkei wäre konsequenterweise in völliger Abhängigkeit heute noch die Kolonie dieser oder jener westlichen Nation. In dieser Form entfaltete Interpretationen historischer Ereignisse lassen sich gewiß als Übertreibungen bezeichnen. Dennoch erscheint es als ein schwieriges Unterfangen, sich einen Befreiungskampf ohne den Einsatz von Mustafa Kemal unter den Gegebenheiten des Jahres 1919 vorzustellen. Die Bedingungen, unter denen der türkische Befreiungskampf im Jahre 1919 begann, boten in der Tat denkbar schlechte Voraussetzungen für einen erfolgreichen Ausgang.

Mit dem Ende des Ersten Weltkrieges hatte für das Osmanische Reich die Phase seines endgültigen Zusammenbruchs begonnen. Der bis an den Rand eines Staatsbankrotts herabgewirtschaftete Osmanische Staat hatte im Bündnis mit den Mittelmächten Deutschland und Österreich-Ungarn am Krieg teilgenommen und ihn zusammen mit diesen Ländern verloren. Die aus dem Ersten Weltkrieg als Sieger hervorgegangenen Staaten England, Frankreich, Italien und Griechenland begannen mit der Umsetzung eines Plans zur Aufteilung

Anatoliens, der die Beschränkung des Osmanischen Reiches auf den Status eines halbkolonialen Kleinstaates bedeutete.[5] Während Griechenland Thrazien, die ägäischen Inseln und İzmir besetzte, gingen an Italien Gebiete der Südwesttürkei, die Inselgruppe Dodekanes und Rhodos. Daneben wurden in den arabischen Gebieten des Osmanischen Reiches britische und französische Kolonialverwaltungen gebildet.[6] Zum Zweck der Gründung einer Reihe leicht überschaubarer und kontrollierbarer Kleinstaaten bedienten sich die Siegermächte der Autonomie- und Separationsbestrebungen von unterdrückten Minderheiten im Osmanischen Reich und gaben ihre Unterstützung zur Gründung von griechischen, armenischen und kurdischen Staaten in den Küsten- und Randregionen Anatoliens.[7] Nach der Aufteilung durch die Sieger blieb für die Türken selbst nur ein kleiner Teil im Norden und im Innern Anatoliens.

Die führenden Vertreter der osmanischen Staatsmacht, der Sultan und sein Hof, befanden sich zu dieser Zeit im von englischen und französischen Truppen okkupierten İstanbul und waren außerstande, zu intervenieren.

Unter diesen Bedingungen rekrutierten sich verschiedene voneinander zunächst unabhängige kleine Widerstandsgruppen aus unterschiedlichen Schichten der türkischen Bevölkerung, die gegen die ausländischen Interventionstruppen vorzugehen versuchten. Ein Teil dieser Widerstandsgruppen zeigte Organisationsmerkmale von Bauernguerillaorganisationen, ein anderer Teil setzte sich primär aus Offizieren der unteren Schichten des osmanischen Militär- und Verwaltungsapparates zusammen. Es gelang Mustafa Kemal, die Führung jener letzteren Widerstandsgruppen zu übernehmen, deren Anhänger, wie er selbst, zumeist Absolventen von nach westeuropäischen Vorbildern reformierten Militärakademien waren.

Die Gründung eines neuen, nach westlicher Zivilisation orientierten türkischen Staates anstelle des verrotteten osmanischen Machtapparates war das wesentliche Ziel von Mustafa Kemal. Dies setzte

---

5 Steinhaus, K.: Soziologie der türkischen Revolution, Frankfurt/M. 1969, S. 59

6 Keskin, H.: Die Türkei. Vom Osmanischen Reich zum Nationalstaat, Berlin 1981, S. 51

7 Kleff, H.-G.: Vom Bauern zum Industriearbeiter, Mainz 1985, S. 38

für ihn und seine Anhänger einen antiimperialistischen Kampf voraus, der jedoch nur mittels einer regulären Armee durchgeführt werden sollte. Hierzu mußten als erstes die zerrütteten osmanischen Truppen reorganisiert werden. Diese Aufgabe gewann um so mehr an Bedeutung, als die Aktionen der Bauernguerillaorganisationen für die Kemalisten[8] viel zu sehr die Form von unorganisierten Bandenkriegen hatten, zumal sie unter diesen verstreuten Kräften auch sozialistische und kommunistische Elemente witterten.[9] So galt es für die Kemalisten insgesamt, die Fähigkeit zu beweisen, die politischen und ideologischen Aufgaben zur Organisierung und Führung einer Massenbewegung übernehmen zu können.

Die Vereinigung der zerrütteten und verstreuten Kräfte zu einer Massenbewegung, deren Gestalt der Befreiungskampf in seinem Verlauf angenommen hatte, kann durchaus als besonderes taktisches Verdienst von Mustafa Kemal hervorgehoben werden. Es gelang ihm, antagonistische Interessen durch geschickt formulierte Zugeständnisse und Versprechen im Namen der Einheit und des Fortschritts, die als wichtige Parolen den Kampf begleiteten, zu vereinen.

Angesehen als erfolgreicher Heerführer im Ersten Weltkrieg, gewann Mustafa Kemal die Unterstützung der Führer kurdischer Stämme, die im Osten Anatoliens den Kampf gegen armenische Staatsgründungsversuche aufgenommen hatten. Er appellierte dabei an die gemeinsame islamische Tradition und versprach ihnen Autonomie im neuen türkischen Staat.[10] Feudalherren und Geistliche wurden

---

8 Damit sind Mustafa Kemal und seine Anhänger gemeint.

9 In: Die sozialistische Bewegung in der Türkei. Entstehung, derzeitige Stellung und Entwicklungschancen, Hamburg 1980

10 Die nach der Republikgründung gegen die kurdische Minorität eingeleitete Politik der Kemalisten, in deren Verlauf sogar die Existenz des kurdischen Volkes in der Türkei verleugnet wurde, sollte bald zeigen, daß an die Einhaltung eines solchen Versprechens keinen Augenblick ernsthaft gedacht worden war. Als Beispiel für die menschenverachtende Vertreibungs- und Assimilierungspolitik der Kemalisten dient ihr Umgang mit den Kurdenaufständen in den 20er und 30er Jahren. Nach deren Niederschlagung wurden Hunderttausende von Kurden niedergemetzelt, enteignet bzw. zwangsumgesiedelt. Vgl. hierzu Beşikçi, İ.: Dokumente und Analysen zur Lage der Kurden in der Türkei, Zürich o.J., S. 17 f.

gewonnen, indem man sie überzeugte, daß das Ziel „die Befreiung des armen Kalifats [11] aus den Händen der Feinde" sei.[12]

Unter der Bedingung, daß ihre Macht im Land erhalten blieb, gewährten auch andere konservative Kreise Mustafa Kemal ihre Unterstützung des Befreiungskampfes. Die Beteiligung der vollkommen unorganisierten Bauernschaft am Befreiungskampf erfolgte als Gebot der Religion, das Land von ungläubigen Feinden zu befreien.[13] Mit der Sowjetunion, die als einzige ausländische Nation den Befreiungskampf unterstützte, wurden die Beziehungen geschickt verstärkt. Obwohl stets bemüht, vom Modell Sowjetunion unbeeinflußt zu bleiben, erteilte Mustafa Kemal seine Zustimmung zur Gründung einer türkischen kommunistischen Partei, die aber bald nach Gründung der türkischen Republik verboten wurde.[14]

Im Jahre 1923 konnte die Befreiungsbewegung einen überwältigenden Erfolg verzeichnen. Die ausländischen Mächte waren vertrieben und auch die Monarchie hatte sich nicht halten können. Am 29. Oktober 1923 wurde die Republik ausgerufen. Mustafa Kemal wurde erster Staatspräsident der neuen türkischen Republik.

Da das Ziel der Kemalisten keine Revolution, sondern eine auf Reformpolitik basierende Staatsform war, blieben die bäuerlichen Massen und Arbeiter von der Beteiligung an der Macht ausgeschlossen. Die Herrschaft wurde vom Kleinbürgertum, der Handelsbourgeoisie und dem anatolischen Landadel ausgeübt. Die Konstitution der Staatsmacht in dieser Form bedeutete in ihrer politischen Konsequenz, daß an den Strukturen der inneren Ausbeutung in der türkischen Gesellschaft keine Veränderungen zu erwarten waren.

Obwohl Mustafa Kemal am 1. März 1922 in seiner Eröffnungsrede vor der türkischen Nationalversammlung die Verstaatlichung sämtlicher, die Interessen der gesamten türkischen Öffentlichkeit tangierender Institutionen als ersten politischen Akt angekündigt und damit

---

11 Kalif ist der religiöse Führer der Muslimen, vergleichbar dem Papst

12 Cem, İ.: Türkiye'de Geri Kalmışlığın Tarihi, İstanbul 1979, S. 255

13 Keskin, H.: a. a. O., S. 66

14 In: Die sozialistische Bewegung in der Türkei, a. a. O.

manchem Zweifel an seinem Etatismusgedanken entgegengewirkt hatte, stellt Selek treffend fest, daß die Führer nach dem Sieg ihre eigene Ideologie verrieten.[15] Basierend auf einer Klassenideologie, in der das Vorhandensein von Klassen zwar nicht kategorisch abgelehnt, aber ihre Interessengegensätze faktisch geleugnet wurden, wurde von Mustafa Kemal die Erstellung eines politischen Programms für das ganze Volk vorgesehen, das die Interessen sämtlicher Bevölkerungsschichten abdecken sollte.[16] Auf diese Auffassung ist es zurückzuführen, daß die von Mustafa Kemal gegründete Republikanische Volkspartei (Cumhuriyet Halk Partisi - CHP) bis zur Einführung des Mehrparteiensystems im Jahre 1946 als einzige Partei im türkischen Parlament vertreten war.

Angesichts der Blindheit gegenüber den inneren Interessengegensätzen konnte auf wirtschaftlichem Gebiet die Praktizierung einer Politik nicht ausbleiben, durch die bestehende feudale und kapitalistische Strukturen im Inneren nicht nur toleriert, sondern auch gefördert wurden. Ein Auszug aus der Rede Mustafa Kemals am 17. 2. 1923 in İzmir anläßlich der Eröffnung des Wirtschaftskongresses zeigt auch, daß Mustafa Kemal mit keinem Wort mehr den Etatismusgedanken tatsächlich wieder aufgriff:

„Wieviele Millionäre haben wir? Keine ... Folglich werden wir auch nicht Feinde der Leute sein, die ein bißchen Geld haben; im Gegenteil, wir werden danach streben, daß in unserem Land viele Millionäre, ja sogar Milliardäre in die Höhe kommen."[17]

Etatismus als ein wichtiges Prinzip des Kemalismus geriet nach dem Sieg nicht nur allmählich in Vergessenheit, sondern man fiel wirtschaftlich dem Bestreben anheim, mit allen Mitteln die

---

15 Das kemalistische Regime legte seiner Ideologie, dem Kemalismus, insgesamt sechs Grundsätze zugrunde: Republikanismus, Nationalismus, Laizismus, Volkstum, Etatismus und revolutionäres Prinzip, wobei mit dem letzteren das Eintreten für die Beibehaltung und den Ausbau kemalistischer Reformen gemeint war. Vgl. Selek, S.: Anadolu İhtilali, İstanbul 1965, Bd. II, S. 339 f.

16 Keskin, H.: a. a. O., S. 71

17 Kemal, M.: Rede in Balıkesir am 17. 2. 1923. Zitiert nach Gesellschaft zur Erforschung der türkischen Geschichte, 1935, S. 207 f.

Entwicklung einer nationalen Bourgoisie zu fördern. Daß Mustafa Kemal eigens in seinem Namen eine Farm und eine Bierfabrik gründete[18], erscheint als ein typisches Beispiel dieser Anstrengung. Für die sowohl zahlenmäßig als auch rechtlich schwachen Arbeiter hingegen brachte die neue Republik kaum Verbesserung. Die wenigen Investitionen des neuen Staates konnten der Industrie des Landes weder Aufschwung noch Fortschritt bringen.[19] Die Arbeiter blieben weiterhin Opfer verheerender Arbeitsbedingungen. Die tägliche Arbeitsdauer betrug mindestens 12 Stunden; im allgemeinen jedoch zwischen 14 und 16 Stunden. Im Jahre 1933 wurde das Streikrecht endgültig auch auf dem Papier beseitigt.[20]

Die Ansichten Mustafa Kemals über die Förderung von Millionären deckten sich indes weitgehend mit seinen Vorstellungen über die Zukunft des Agrarsektors. Während des Befreiungskampfes war von Landverteilung an alle die Rede gewesen und auch nach dem Sieg herrschte die Meinung vor, daß genügend Boden zur Verteilung vorhanden sei. 1923 bemerkte Mustafa Kemal hierzu:

„Wieviele Menschen in unserem Land sind Besitzer großer Ländereien? Wie hoch ist deren Wert? Wollte man nachprüfen, könnte man sehen, daß im Verhältnis zur Größe unseres Landes nur wenige Großgrundbesitzer sind. Also verdienen auch Großgrundbesitzer unseren Schutz.“[21]

Diese Auffassung büßte während der gesamten Regierungsphase Mustafa Kemals nichts von ihrer Gültigkeit ein; im ländlichen Gebiet wurden kaum Anstrengungen zur Beseitigung der Feudalherren- oder der sozialen Struktur unternommen.

Die Beibehaltung und Förderung kapitalistischer Strukturen im neuen türkischen Staat bedeutete hinsichtlich der Reformpläne der Kemalisten, daß diese nur soweit gehen durften, als die Interessen der Machtelite hierdurch nicht gefährdet wurden. Angesichts

---

18 Selek, S.: a. a. O., S. 340

19 Aydemir, S. S.: İkinci Adam, İstanbul 1965, Bd. II, S. 394

20 In: Die sozialistische Bewegung in der Türkei, a. a. O.

21 Mustafa Kemal zitiert nach Naci, F. (Hrsg.): Atatürk'ün Temel Görüşleri, o. O., o. J., S. 63. Übersetzung v. d. Verf.

dieser Tatsache wurde für die Mobilisierung auch der ländlichen Bevölkerungsmassen ein Reformkurs eingeschlagen, in dem nicht so sehr eine Bewegung von unten, sondern vielmehr eine von oben vorgesehen wurde. Weitgehend getragen von der Leitidee Mustafa Kemals: „Es gibt nur eine Zivilisation: die westliche Zivilisation" [22] wurde der Aufbau eines bürgerlichen Staates vorangetrieben, der sich in seinen Strukturen an den hochentwickelten kapitalistischen Staaten Westeuropas orientierte.

Um die „alten Rechtsnormen vollständig zu vernichten", so Mustafa Kemal, erfolgte die Abschaffung islamischer Rechte und traditioneller Gesetze der Dörfer und Stämme. Bis 1930 wurde statt dessen das schweizerische Zivilrecht eingeführt. Beim Strafrecht diente die italienische Gesetzgebung als Vorbild. So wurden auch die §§ 141 ff, mit denen die sozialistische Propaganda verboten wurde, aus der faschistischen italienischen Verfassung in das türkische Grundgesetz übernommen.[23] Diese Paragraphen dienen heute noch der Disziplinierung sozialistischer Opposition.

In Sachen Religion war der erste Schritt als Folge des kemalistischen Prinzips Laizismus bereits am 3. März 1924 mit der Abschaffung des Kalifats gemacht worden. Diesem folgte die Schließung aller geistlichen Schulen. Statt dessen wurde die Einrichtung eines dem Ministerpräsidenten unterstellten Ministeriums für religiöse Angelegenheiten (Diyanet İşleri Bakanlığı) durch eine Abstimmung in der türkischen Nationalversammlung beschlossen. Entscheidungen über jegliche religiöse Angelegenheiten wurden damit der Verantwortung dieses Ministeriums unterstellt. Interessant ist in diesem Zusammenhang der Hinweis von Dumont, daß die laizistischen Führer mit der Konzentration der Entscheidungsgewalt über sämtliche religiöse Angelegenheiten in ihren eigenen Händen auch eine Macht ansammelten, die sogar die Befugnisse des Kalifats

---

22 Mustafa Kemal zitiert nach Yalman, N.: Islamic reform and the mystic tradition in eastern Turkey. In: Europäisches Archiv für Soziologie X/1969, S. 41 - 60

23 In: Die sozialistische Bewegung in der Türkei, a. a. O.

übertrafen.[24] Vor diesem Hintergrund wird um so verständlicher, was Fischer meinte, als er bereits 1932 schrieb, daß in der Türkei der Islam zum Sklaven des Staates wurde.[25]

Indem sich Mustafa Kemal für ein laizistisches Muster entschied, das dem Staat jederzeit die Sicherheit bot, die Religion als Trumpf in Händen zu halten, bewies er erneut sein politisches Geschick. Aufgrund eines so ausgelegten Laizismus wurde zweifelsohne die Kontrolle über religiöse Strömungen im Lande erleichtert. Zieht man allerdings auch die Tatsache in Betracht, daß die Religiosität breiter Bevölkerungsschichten eine nicht zu verkennende Rolle im alltäglichen Denken und Handeln dieser spielte, so wird überdies auch deutlich, über welch politisch bedeutsame Mittel zur Manipulierung von Bevölkerungsmassen im Interesse eigener Ziele die Führer des Landes selbst verfügen konnten. Die Wirksamkeit der Parole: „Für jedes Dorf eine Moschee" als beliebtes Wahlversprechen vieler vergangener, aber auch gegenwärtiger Politiker in der Türkei erscheint in diesem Zusammenhang aufschlußreich.

Der in der Türkei von Zeit zu Zeit deutlich aufblühende Islam ist nicht nur das Ergebnis der widersprüchlichen Reformpolitik der kemalistischen Führer, sondern macht zugleich deutlich, daß die kemalistischen Maßnahmen zudem viel zu sehr von oben aufgesetzt waren, als daß sie eine alternative Wirkung ausüben konnten. Unter dem Einfluß kemalistischer Maßnahmen nahmen die religiösen Gefühle der Bevölkerung lediglich andere Ausdrucksformen an, da versäumt wurde, ein tatsächlich überzeugendes Wertesystem an die Stelle islamischer Traditionen zu setzen.

Ambivalent war jedoch nicht allein die in Sachen Religion betriebene Politik der Kemalisten. Auch ihr ganzes Vorhaben, die Türkei einerseits unter Adaptation von Strukturen westlicher Nationen durchgreifend zu modernisieren und andererseits hierfür die Massen weiterhin als eine antiimperialistische Bewegung mobilisieren zu wollen, war widersprüchlich. Allerdings fiel es den Kemalisten nicht

---

24 Dumont, P.: Türkiye'de İslam Yenilik Ögesi Mi? In: Türkiye Sorunları Dizisi, İstanbul 1988, Nr. 4, S. 163 ff.

25 Fischer, H.: Die neue Türkei und der Islam, Kulmbach 1932, S. 69

schwer, einen Ausweg aus der fragwürdigen Lage zu finden. Die Propagierung des türkischen Nationalismus als neuen Wert führte dazu, daß jede weitere Reform mit nationalistischen Argumenten gerechtfertigt wurde. Die Übernahme der Reformen durch die Bevölkerung sollte der Weltöffentlichkeit den Versuch der Nation demonstrieren, daß die Türken ebenso kultiviert und zivilisiert sein könnten, wie jede andere Nation auch.
Der 'Fes', zum Beispiel, die traditionelle Kopfbedeckung der Männer, saß, so Mustafa Kemal,

„ ... auf den Köpfen unserer Nation wie ein Emblem von Ignoranz, Fanatismus und Haß gegenüber Fortschritt und Zivilisation."[26]

Per Gesetz wurde das Tragen von Fes und anderen Trachten verboten. Auch auf dem Gebiet der Sprache und der Schrift wurden tiefgreifende Umwälzungen unternommen. Begleitet von einer landesweiten Kampagne, wurde das lateinische Alphabet anstelle der arabischen Schrift eingeführt. Daß die Romanisierung des Alphabets in erster Linie kulturelle, religiöse und pädagogische Implikationen hatte, wird auch von Kazamias hervorgehoben.[27] Arabisch war vor allem die Sprache des Korans, und die bis dahin geltende arabische Schrift diente zugleich als Zeichen der Zugehörigkeit der Bevölkerung zur islamischen Religionsgemeinschaft. Die Kemalisten sahen in dem Arabischen in erster Linie ein Medium, das die Menschen an veraltete Normen und Werte band und sie für reaktionäre Tendenzen ansprechbar machte. Es ist anzunehmen, daß sich die Kemalisten mit der Abschaffung der arabischen Schrift und der 'Türkisierung' der Sprache, in der persische und arabische Wörter weitgehend eliminiert werden sollten, den Vorteil versprachen, das Bildungsproblem der Nation leichter lösen zu können. Doch alles in allem eigneten sich befohlene Innovationen wenig zur Verbesserung der Lebensverhältnisse der Arbeiter und der ländlichen Bevölkerung. Die Modernisierungsbestrebungen der Kemalisten durch Reformen des Überbaus bewirkten kaum eine Veränderung bestehender sozialer

---

26 Atatürk'ün Söylev ve Demeçleri, Ankara 1959, II, S. 212 - 213. Übersetzung v. d. Verf.

27 Kazamias, A.: Education and the Quest for Modernity in Turkey, London 1966, S. 187 f.

Strukturen; durch sie hatte die Spaltung in Herrscher und Beherrschte lediglich eine andere Gestalt angenommen.

Die Ausgangslage im ländlichen Anatolien

Mit einem Anteil von 80 % an der Gesamtbevölkerung bildeten die Bauern auch im neuen türkischen Staat die größte soziale Gruppe.[28] Aufgrund dieser Tatsache wurden die kemalistischen Führer immer wieder veranlaßt, Stellung zur Rolle der ländlichen Massen innerhalb der türkischen Gesellschaft zu beziehen. Auch in dieser Hinsicht war es Mustafa Kemal, der erstmalig auf diesen Aspekt öffentlich in einer Rede vor der türkischen Nationalversammlung im Jahre 1923 einging und hervorhob, daß die über Jahrhunderte hindurch in Knechtschaft gehaltenen Bauern die „rechtmäßigen Besitzer und wahren Herren dieses Landes" seien. Mustafa Kemal forderte seine politischen Anhänger auf, angesichts dieser Sachlage ihre wahren Pflichten gegenüber der bäuerlichen Bevölkerung zu erkennen.[29] Einige Jahre später bekräftigte İnönü, Ministerpräsident in der Regierungsphase von Mustafa Kemal und dessen Nachfolger im Amt des Staatspräsidenten, die Türkei sei ein inmitten Anatoliens gegründeter „Bauernstaat".[30]

Aber selbst im Jahre 1936 waren die Bauern immer noch von anderen gesellschaftlichen Bereichen und Entwicklungen isoliert.

In seinem vielfach veröffentlichten Buch „Unser Dorf in Anatolien" zeigt Makal die traurigen und entmutigenden Verhältnisse des bäuerlichen Lebens am Beispiel der Bewohner von Nürgüz, einem Dorf in Zentralanatolien. Seinem Erfahrungsbericht ist zu entnehmen, daß beinahe alle religiösen und traditionellen Denk- sowie Handlungsgewohnheiten von der auf Regierungsebene herrschenden Ideologie der Modernisierung unberührt geblieben waren. Die in den Zeiten des Osmanischen Reiches herrschende Fatalismusgläubigkeit der Menschen, ihr Mißtrauen gegenüber Regierungsvertretern und

---

28 Makal, M.: Köy Enstitüleri ve Ötesi, İstanbul 1979, S. 50

29 Atatürk'ün Söylev ve Demeçleri, o. O., 1945, Bd. I

30 İnönü, İ.: İlk Öğretimin Yeni Yılı. In: „Ulus", 18. 4. 1945

Fremden existierten auch weiterhin.[31] In einem anderen Buch wird geschildert, daß die Mehrheit der ländlichen Bevölkerung, ähnlich wie in den Vorzeiten der Republik, kaum Ahnung von Krankheiten, ihren Ursachen und Heilungsmethoden hatten. Der medizinische Kenntnisstand entsprach dem des vorigen Jahrhunderts. Malaria, Trachom, Tuberkulose u. ä. waren verbreitete Krankheiten. Bakterien als Begriff war im Vokabular der Bauern nicht enthalten. Die in den Dörfern als „Gänsefuß" bekannte Diphtherie zum Beispiel wurde zu kurieren versucht, indem der Hals des Erkrankten mit dem Bein der Gans gestreichelt und der Gänsekamm in den Rachen des Kranken gesteckt wurde.[32]

Daß die Menschen beim Auftreten von Krankheiten zur Selbsthilfe greifen mußten, war nicht verwunderlich. Denn in fast allen 40.000 Dörfern Anatoliens waren weder Ärzte vorhanden noch Krankenhäuser in der Nähe. Im Jahre 1936 arbeiteten von den insgesamt 1.287 Ärzten in der Türkei ungefähr die Hälfte in İstanbul, der Rest in anderen Städten des Landes.[33]

Eine Vielzahl von Dörfern war nicht nur im Hinblick auf die ärztliche Versorgung, sondern auch in bezug auf vielerlei Errungenschaften des Industriezeitalters zurückgeblieben. In vielen Dörfern waren Elektrizität, fließendes Wasser, Telefon unbekannt; motorisierte Fahrzeuge hatten nur wenige zu sehen bekommen. Daneben gab es Hunderte von Dörfern, in denen die Menschen Dinge wie Gläser, Uhren, Feuerzeuge noch nicht einmal dem Namen nach kannten, geschweige denn diese gesehen hätten.[34]

Trotz verschiedener Investitionen der Regierung konnten weder Verkehrsverbindungen noch Kommunikationsmöglichkeiten zwischen Städten und Dörfern wirksam aufgebaut werden. Auch aufgrund der Abgeschiedenheit von der städtischen Entwicklung, blieb den ländlichen Massen keine andere Alternative, als ihr Leben weiterhin in primitiven Denk- und Lebensgewohnheiten zu führen. Unter diesen

31 Makal, M.: Unser Dorf in Anatolien, Berlin 1981

32 Makal, M.: Memleketin Sahipleri, o. O., 1954

33 Arman, H.: Piramidin Tabanı. Köy Enstitüleri ve Tonguç, Ankara 1969, S. 251

34 ebd.

Bedingungen war es nicht verwunderlich, daß sie kaum Kenntnisse über die veränderten politischen Strukturen im Lande hatten. Einem Artikel von Baykurt ist zu entnehmen, daß viele Menschen auf dem Lande nicht einmal den Unterschied zwischen dem abgeschafften Sultanat und der Republik kannten, obwohl bereits 15 Jahre seit der Gründung des neuen türkischen Staates vergangen waren. Daß Mustafa Kemal zum Beispiel der Staatspräsident der türkischen Republik war, vermochten viele Bauern nicht auszudrücken; sie sahen in ihm den Nachfolger des Sultans, der den Thron bestiegen hatte.[35]

Mustafa Kemals Wunsch, mit seinen Reformen auf dem schnellsten Wege auch die Dörfer zu erreichen, wollte angesichts mangelnder realistischer Einschätzung und Berücksichtigung ländlicher Voraussetzungen nicht vorankommen. Die erwünschte Wirkung zur Umstrukturierung des sozialen Lebens blieb auch dort aus, wo staatlicherseits modernere landwirtschaftliche Geräte in einigen Dörfern verteilt wurden. Aufgrund fehlenden technischen Wissens und mangelnder organisierter Vermittlung von Kenntnissen, blieben diese von den Dorfbewohnern unbenutzt. Andere Versuche der Kemalisten, die soziale Struktur auf dem Lande etwa durch Förderung handwerklicher Kleinbetriebe zu verändern, scheiterten an der Abwehr der ländlichen Machtelite, noch bevor man damit ernsthaft beginnen konnte.

Während für die Mehrheit der ländlichen Bevölkerung kaum Möglichkeiten bestanden, vom Fortschrittsdenken der Kemalisten zu profitieren, konnten Großgrundbesitzer und andere einflußreiche Persönlichkeiten auf dem Lande u. a. staatliche Kredite und moderne technische Geräte ungehindert für sich beanspruchen. Diese in politischen und wirtschaftlichen Angelegenheiten des Landes mächtige Bevölkerungsgruppe war auch auf dem Agrarsektor die bestimmende Kraft geblieben. Angesichts dieses Machtfaktors scheiterte auch die Umsetzung einer seit 1934 oftmals geplanten Bodenreform. Die Bodenverhältnisse der vorrepublikanischen Ära blieben so unverändert.

---

35 Baykurt, F.: Çorumlu Döne. In: „Cumhuriyet", 24.8.1960

Einige im Jahre 1913 grob zusammengestellte Zahlen liefern im folgenden einen Überblick über die damalige Struktur des Agrarsektors.[36]

Tabelle 1:

	Zahl der Familien (absolut)	Zahl der Familien (in %)	Landbesitz (in Hektar)	Landbesitz (in %)
Feudalherren	10.000	1	3.000.000	39
Großgrundbesitzer	40.000	4	2.000.000	26
Bauern mit klei-nem/mittlerem Landbesitz	870.000	87	2.700.000	35
Landlose Bauern	80.000	8	–	–

Einer im Jahre 1938 erhobenen Statistik auf dem Lande sind demgegenüber folgende Zahlen zu entnehmen:[37]

Tabelle 2:

Bodengröße	Zahl der Familien (absolut)	Zahl der Familien (in %)	Landbesitz (in Hektar)	Landbesitz (in %)
größer als 550 dönüm (ca. 50 Hektar)	6.182	0,25	2.600.000	14
kleiner als 500 dönüm (ca. 45 Hektar)	2.492.000	99,75	16.500.000	86

---

36 Avcıoğlu, D.: Türkiye'nin Düzeni, Ankara 1968, S. 88. Übersetzung v. d. Verf.

37 Cem, İ.: a. a. O., S. 476. Übersetzung v. d. Verf.

Obwohl Ungenauigkeiten in den aufgeführten Statistiken nicht auszuschließen sind, liefern die obigen Zahlen dennoch ein Bild über das ungebrochene Fortbestehen der sozialen Ungerechtigkeit. Zwar hatten die kemalistischen Führer mit der neuen Verfassung auch den Bauern die gleichen Rechte wie allen anderen gegeben, aber diesen fehlten die Voraussetzungen zu ihrer Wahrnehmung. Das gleiche Problem stellte sich auch im Bildungssektor.

Um das Bildungsdefizit im ganzen Lande zu bekämpfen, war bereits im Jahre 1924 ein Gesetz verabschiedet worden, wonach für alle Kinder die Grundschulpflicht eingeführt wurde.[38] Da jedoch im ländlichen Raum kaum Schulen und Lehrer vorhanden waren, konnte dieses Gesetz hauptsächlich in Großstädten durchgesetzt werden.

Einer statistischen Erhebung aus dem Jahre 1935 zufolge betrug die Analphabetenquote 80 % der Bevölkerung. Während sie sich bei Männern auf 76,7 % belief, lag diese Quote bei Frauen bei 91,8 %.[39] Zu dieser Zeit existierten in der Türkei insgesamt nur 6.112 Grundschulen (İlkokul); davon 4.773 in Dörfern.[40] Folglich waren von den insgesamt 40.000 Dörfern 35.227 ohne Lehrer und Schulen. Hinzu kam das Problem, daß auch die meisten Kinder, die eine dreijährige Grundschule auf dem Lande abgeschlossen hatten, ihre Lese- und Schreibfähigkeiten bald wieder verlernten.[41]

Auf der anderen Seite ging die Zahl der ausgebildeten Lehrer im Dienst zwischen 1923 und 1936 von etwa 15.000 auf 13.750 zurück[42], vermutlich wegen zu niedriger Gehälter.

Berichten aus den 30er Jahren ist auch zu entnehmen, daß die von der Regierung für die Grundschulerziehung zur Verfügung gestellten Beträge kaum ausreichten, um die erforderlichen Ausgaben in diesem Bereich zu decken.[43]

Um den Schul- und Lehrerbedarf in den Städten und Dörfern decken zu können, waren einerseits höhere Ausgaben notwendig

---

38 Arman, H.: a. a. O., S. 327

39 Balkır, S. E.: Dipten gelen ses. Arifiye Köy Enstitüsü, İstanbul 1974, S. 12

40 Kudret, C.: Benim oğlum binâ okur, İstanbul 1983, S. 12 f.

41 İnan, M. R.: Köy Enstitüleri ve Sonrası, Ankara 1988, S. 16

42 Gedikoğlu, Ş.: a. a. O., S. 15 f.

43 Gedikoğlu, Ş.: a. a. O., S. 16

und andererseits wurde die Suche nach neuen Wegen zur Erhöhung der Lehrerzahl, insbesondere der Dorflehrer, unabdingbar. Denn Erfahrungen hatten gezeigt, daß die meisten in den Städten ausgebildeten Lehrer nicht bereit waren, ihren Dienst im ländlichen Anatolien anzutreten. Aufgrund der Kluft zwischen dem Stadt- und Dorfleben und den daraus erwachsenden Schwierigkeiten kam auch bei denjenigen bald der Wunsch nach einer Veränderung auf, die bereits als Lehrer in die Dörfer entsandt worden waren.

Der Pädagoge İsmail Hakkı Tonguç und sein Wirken im Entstehungskontext der Dorfinstitute

1935 wurde auf einem Parteitag der „Republikanischen Volkspartei" der Beschluß gefaßt, nach ernsthaften Wegen zur Erziehung und Bildung der ländlichen Bevölkerung im Sinne der kemalistischen Ideologie zu suchen. Aus diesem Grunde wurde Saffet Arıkan, ein enger Freund von Mustafa Kemal, zum Erziehungsminister (damals noch Kultusministerium) ernannt und mit ungewöhnlich vielseitigen Befugnissen ausgestattet. In der ersten Phase seines Amtsantrittes widmete sich Arıkan mit großem Einsatz der Suche nach geeigneten Mitarbeitern. Ähnlich intensive Bemühungen waren sicher auf anderen Regierungsebenen gleichfalls im Gange. Allerdings mußte man auch erkannt haben, daß dem Erziehungs- und Bildungsaspekt bei der Verbreitung einer Ideologie bis in die entlegensten Landesteile eine besondere Bedeutung zukam. Nach Beratungen mit engen Freunden beauftragte Arıkan im Jahre 1936 den damals als Leiter im Pädagogischen Institut (Gazi Eğitim Enstitüsü) in Ankara tätigen İsmail Hakkı Tonguç mit der Leitung der Grundschulabteilung im Erziehungsministerium.

Unterstützt von Arıkan und später auch von Hasan Ali Yücel, dem Nachfolger Arıkans, wurde Tonguç zur treibenden Kraft zweier großer Lehrerexperimente zur Lösung des Dorfschulproblems: der Erzieherkurse (ab 1936) und der Dorfinstitute (ab 1937 bzw. 1940). Tonguç war nicht nur der Initiator der Dorfinstitute, sondern er widmete sich beinahe gänzlich diesem Projekt, indem er seine theoretischen Überlegungen und Schriften in diese Arbeit einfließen ließ.

Es war aber wohl nicht sein Einsatz allein, der ihn die kemalistischen Führer für sein Projekt gewinnen und die Dorfinstitute in der Phase ihres Bestehens zu einem landesweiten Erfolg führen ließ. Seine Persönlichkeit und Ausstrahlung, wie sie in einer Vielzahl von Erinnerungen beschrieben werden, waren im gleichen Maße ausschlaggebend. Kirby zum Beispiel würdigt Tonguç, der zärtlich „Vater Tonguç" (Tonguç Baba) genannt wurde, mit folgenden Worten:

„.. Tonguç was a man of action ... He spoke with such simple clarity the he 'made sense' not only to educationists ..., but also to the Kemalist leadership, and even to the peasantry. Of several hundred educators and officials observed in rural settings over a six year period, Tonguç was the only urbanite not to assume a patronizing or aristocratic manner with the peasantry; he was the only one with whom the peasants showed no signs of discomfiture. "[44]

Dieser von vielen geschätzte Pädagoge, der sich zudem durch größte 'Bescheidenheit'[45] auszeichnete, mußte mit ansehen, wie sein Werk im Zuge des innenpolitischen Umschwungs, der sich nach 1946 in der Türkei anbahnte, immer mehr zur Zielscheibe von Kritik aus dem gegnerischen Lager wurde.

Nach dem Rücktritt seines bedeutendsten Förderers auf Regierungsseite, des Erziehungsministers Hasan Ali Yücel, schied Tonguç 1946 aus dem Ministerium aus. In den folgenden Jahren arbeitete er wieder als Kunst- und Werklehrer. 1954 ging er in den Ruhestand und starb am 23. 6. 1960 in Ankara.

---

44 Kirby, F.: The village institute movement of Turkey: An educational mobilization for social change. Unveröffentl. Dissertation, Columbia University, New York 1960, S. 209

45 Rufer, A.: „National-Zeitung" Basel 9. 12. 1951

Zur Rolle ausländischer Pädagogen im Schaffen von Tonguç

Am 9. 12. 1951 erschien in der Baseler „National-Zeitung" ein Artikel mit dem Titel „Der türkische Pestalozzi und sein Werk", womit Hakkı Tonguç gemeint war.[46] Einige Jahre später wurden Tonguç und sein Werk, die Dorfinstitute, im Rahmen zweier Festschriftbeiträge von Hausmann behandelt. Darin deutet Hausmann an, daß das Projekt der Dorfinstitute von Anregungen aus der westlichen Reformpädagogik beeinflußt worden sei. [47] In einer späteren · für Hausmann publizierten Schrift wurde von Widmann für seinen mehrere Seiten umfassenden Beitrag über Tonguç der Titel: „İsmail Hakkı Tonguç - Ein türkischer Pestalozzi?" gewählt. Die Antwort auf die Frage jedoch, ob man Tonguç wirklich so nennen kann, bleibt aus der Sicht von Widmann umstritten.[48]

In welchem Ausmaß Vorstellungen ausländischer Pädagogen, insbesondere aus dem Westen, eine beeinflussende Rolle in den Werken von Tonguç gespielt haben, läßt sich mit Exaktheit tatsächlich nur schwer nachvollziehen. Dieser Aspekt soll im folgenden lediglich andeutungsweise erörtert werden.

Ob man Tonguç in der Tat als den „türkischen Pestalozzi" bezeichnen kann, sei zunächst dahingestellt. Fest steht aber, daß sich Tonguç in einer Vielzahl von Übersetzungen, die er selbst vornahm, mit einer Reihe von ausländischen Pädagogen, im besonderen aus dem deutschsprachigen Raum, beschäftigt hat. Sein Interesse für die deutschsprachige Fachliteratur hing sicher mit seinen guten Deutschkenntnissen zusammen, die er während seiner mehrmaligen Fortbildungsaufenthalte in Deutschland erwerben konnte. Darüber hinaus lassen die zahlreichen, mit vielen Anmerkungen versehenen

---

46 ebd.

47 Hausmann, G.: Vom Beitrag der Türkei zur Pädagogik unseres Jahrhunderts. In: Erziehung und Wirklichkeit. Festschrift zum 50 - jährigen Bestehen der Odenwaldschule, Braunschweig 1960, S. 172; ders.: Zur Pädagogik der Entwicklungsländer. In: Weltweite Erziehung. Festschrift für Friedrich Schneider, Freiburg 1961, S. 191 f.

48 Widmann, H.: İsmail Hakkı Tonguç - Ein „türkischer Pestalozzi?" In: Orientierungspunkte internationaler Erziehung. Festschrift für Gottfried Hausmann, Hamburg 1973, S. 252 ff.

Werke deutscher Reformpädagogen in seiner großen Bibliothek, die heute im Besitz seines Sohnes ist, auf die Interessenschwerpunkte von Tonguç schließen.[49] Des weiteren geht aus der Liste der von Tonguç selbst verfaßten Bücher gleichfalls hervor, daß er sich inhaltlich mit den pädagogischen Ideen von Kerschensteiner und in der Tat auch von Pestalozzi intensiv auseinandergesetzt hat.[50] Auch daraus kann gefolgert werden, daß auf Tonguçs Seite großes Interesse für die Werke insbesondere dieser beiden deutschsprachigen Pädagogen vorlag.

Im Falle Kerschensteiners scheint Tonguç primär von seinem 'Arbeitsprinzip' beeinflußt worden zu sein.[51] Die Parole: „Der Schüler des Instituts wird im Arbeitsleben, durch Arbeit und für die Arbeit erzogen" als Orientierungsrahmen aller Erziehungs- und Bildungsmethoden in den Dorfinstituten läßt zumindest diesen Schluß zu.

Neben einer Reihe von Übersetzungen, die Tonguç aus Pestalozzis Werken vornahm, scheint eine weitere Parallele zwischen dem pädagogischen Gedankengut Pestalozzis und dem Schaffen von Tonguç zu bestehen. Im Mittelpunkt des pädagogischen Interesses Tonguçs standen, ähnlich wie bei Pestalozzi, die benachteiligten Bevölkerungsschichten seines Landes, deren verborgene Kräfte und Kompetenzen es hervorzuholen galt.[52] Dabei ist beiden Pädagogen die Einsicht gemeinsam, daß diese nicht durch externe Hilfe, sondern nur aus eigenen Kräften und mit eigenen Mitteln der benachteiligten Schichten erfolgen kann. In diesem Zusammenhang kommt der Erziehung und Bildung eine große Bedeutung zu, da beide darin die Mittel zur Veränderung sozialer Strukturen sahen, mit deren Hilfe die Fähigkeit des Menschen zur Selbsthilfe erweckt und gefördert werden soll.

Werke anderer ausländischer Pädagogen, wie zum Beispiel von Dewey, der sich in den ersten Jahren der türkischen Republik als Berater für das Erziehungswesen in der Türkei aufgehalten hatte, scheinen

---

49 Tonguç, E.: Köy Enstitüleri ve Tonguç, Ankara 1970

50 ebd.

51 Kerschensteiner, G.: Der Begriff der Arbeitsschule, Leipzig 1913

52 Tonguç, İ. H.: Pestalozzi Çocuklar Köyü, Ankara 1960

Tonguç ebenfalls bekannt gewesen zu sein. Denn auch die von Dewey hervorgebrachte Methode: „Learning by doing"[53] war, ähnlich wie Kerschensteiners 'Arbeitsprinzip', Basis jeglichen pädagogischen Arbeitens in den Dorfinstituten.

Anzunehmen ist ferner, daß Tonguç auch mit Gedanken sowjetischer Arbeitspädagogen wie Makarenko und Blonskij vertraut war, obwohl hierzu keine konkreten Hinweise vorliegen. Aus den von Engin Tonguç, dem Sohn von Hakkı Tonguç, seinem Vater gewidmeten Erinnerungsschriften ist lediglich zu entnehmen, daß sich Tonguç für die Dorferziehung in der Sowjetunion nach der Oktoberrevolution interessierte und Berichte hierzu vom damaligen türkischen Botschafter in Moskau erhalten haben muß.[54]

Aus den von Tonguç selbst verfaßten Werken kann man aber durchaus folgern, daß Tonguç die Vorstellungen ausländischer Pädagogen keineswegs kopiert hat, sondern vielmehr von diesen inspiriert, ein eigenes für die damaligen Verhältnisse der ländlichen Türkei angemessenes Erziehungs- und Bildungskonzept entworfen hat.

Tonguç und das Problem der bäuerlichen Massen

Die Entwicklung von Maßnahmen zur Verbesserung der dörflichen Lebensbedingungen setzte eine präzise Kenntnis all jener Faktoren voraus, die zum einen die Ursachen der Rückständigkeit des bäuerlichen Lebens erklärten und zum anderen die Gründe verdeutlichten, die die bis dahin unternommenen Versuche zur Lösung des Problems scheitern ließen. Diese sozusagen als Prämisse formulierte Kenntnis des Bauernproblems bildete bei Tonguç die Argumentationsgrundlage, auf der Diskussionen über Innovationsmodelle geführt werden konnten. Entsprechend stellte für Tonguç die Auseinandersetzung mit Problemen der bäuerlichen Massen eine zentrale Aufgabe dar.

Die Bauern waren unter den Herrschern des Osmanischen Reiches über Jahrhunderte hindurch mit den Mitteln der Staatsmacht von

---

53 Dewey, J.: Erfahrung und Erziehung, Braunschweig 1964
54 Tonguç, E.: a. a. O.

jedweder Mitbestimmung isoliert und als Knechte gehalten worden. In diesem Bewußtsein waren sie vom zerschlagenen Osmanischen Reich als immer noch Unterdrückte und Vernachlässigte in die Republik hinübergewechselt.[55] Und trotz Republik kannten die Bauern als gesellschaftliches System nur diese eine Form, in der man stets von der Basis zu nehmen, aber keine Gegenleistung zu geben vermochte. Als Folge dieser einseitigen Konfrontation mit der Staatsmacht und ihren Repräsentanten war es für Tonguç nur verständlich, daß die Bauern scheu und ängstlich reagierten, u. zw. nicht nur gegenüber Fremden, sondern auch gegenüber jedem Unrecht, das ihnen angetan wurde. Hinzu kam, daß den Bauern alternative Handlungsformen zur Veränderung ihres Daseins mit Ausnahme der Flucht in den Fatalismus fremdgeblieben waren. So glich auch das Leben in den Dörfern aufgrund ewiger Vernachlässigung einer Art Friedhofsatmosphäre.[56]

Parallel zur Argumentationsfolge von Tonguç gewinnt die Frage an Bedeutung, welche Ursachen für das Scheitern von Innovationsbestrebungen vorgelegen haben könnten.

Hierzu findet sich bei Tonguç die kritische Feststellung, daß es vor allem an einer realistischen und einheitlichen Betrachtung der Dorfgemeinschaften gefehlt habe, wobei er hierin einen das Schicksal der Dörfer und ihrer Bewohner bestimmenden Faktor sah.[57] Obwohl Tonguç hierfür im gleichen Maße Regierungsvertreter wie Intellektuelle verantwortlich machte und ihnen vorwarf, bei ihren Problemanalysen an den wahren Bedingungen und Bedürfnissen des ländlichen Lebens vorbeizugehen, schien ihn die Beschäftigung mit der diesbezüglichen Haltung von Intellektuellen letztendlich mehr zu interessieren. Denn in seinem 1938 mit dem Titel: „Das zu erweckende Dorf" (Canlandırılacak Köy) erschienenen Buch widmete er diesem Aspekt einen ausführlichen Abschnitt.[58] Hierin unterschied er auf der Seite der Intellektuellen mehrere Betrachtungen, mit denen sie die

---

55 Tonguç, İ. H.: a. a. O., S. 82 f.

56 Tonguç, İ. H.: Canlandırılacak Köy, o. O., 1939, S. 88 f.

57 ebd., S. 97 f.

58 ebd., S. 97 f.

Dorfsituation unabhängig voneinander zu charakterisieren versuchten. Aus diesem Rahmen erschienen mir besonders zwei Sichtweisen interessant, da sie zum einen im krassen Kontrast zueinander stehen und zum anderen meines Erachtens die Haltung der damaligen geistigen Elite gegenüber dem Dorfleben auch treffend widerspiegeln: Entsprechend einer eher literarischen Sicht, bemerkt Tonguç, waren die Dörfer im ländlichen Anatolien im großen und ganzen romantische Orte, deren Häuser von grünen Wiesen und Tälern umgeben waren, durchdrungen von Vogelgezwitscher und dem Plätschern von Bächen und Flüssen. Die Bewohner dieser Dörfer mußten glücklich sein. Einen Nachteil hatten sie allerdings: Sie waren leichtgläubig wie Kinder.[59]

Tatsächlich werden in der Literatur aus damaliger Zeit häufig kaum andere Vorstellungen und Bilder über Dorfverhältnisse vermittelt als diejenigen, die Tonguç aufgegriffen hatte.

Für eine andere Gruppe hingegen, deutete Tonguç, waren die Dörfer ohne Wasser, schmutzig und voller Krankheiten. Die meisten Dorfbewohner litten an Hunger. Die Bauern waren im allgemeinen egoistisch und undankbar. Die geistigen Führer des Landes müßten diesen Menschen die Geheimnisse über bessere Lebensführung erst beibringen und ihnen auch die Fähigkeit zeigen, mit Verstand zu handeln.[60]

Auch diese von Tonguç wiedergegebene Haltung einiger Intellektueller gegenüber Bauern trifft insofern zu, als im Türkischen eine Reihe von Witzen und Satiren noch heute diese Klischees benutzen, um die tristen Gemüter einiger Städter zum Lachen zu bringen.

Im abschließenden Teil dieses Abschnittes stellt Tonguç fest, daß ausgehend von diesen und ähnlichen Vorstellungen über Dörfer u. a. auch Schulen für die Bauern entstanden seien, die letztendlich nur eine Kopie von Stadtschulen waren. Und Tonguç fügte warnend hinzu:

„Mit Anstandsregeln aus Büchern großgewordene Halbgelehrte glaubten, der Bauer würde nur dann ein wertvolles Wesen werden, wenn er ihnen ähnlich sein könnte. In Wirklichkeit jedoch wäre eine

---

59 ebd.
60 ebd.

Anpassung von Charakter, Intelligenz und Arbeitshaltung her ein große Unglück ... "[61]

Die Realität, die Tonguç in den Dörfern sah, entsprach in keiner Hinsicht den Vorstellungen von Intellektuellen aus Städten. Das tatsächliche Leben in den Dörfern konnte nach Tonguç auch nicht erfaßt werden, indem man es mit dem „Fernglas aus der Ferne"[62] betrachtete. Um die Lage der Dörfer zu verstehen, ihre Bauern zu hören und Maßnahmen für sie entwickeln zu können, mußte man Seite an Seite mit diesen Menschen gelebt und ihr Essen geteilt haben. Solange dies nicht geschah, was bis dahin der Fall war, waren alle Initiativen zum Scheitern verurteilt, da sie weder der Realität entsprechen noch die wahren Bedürfnisse der Bauern decken konnten.

Die Zukunft der Dörfer aus der Sicht von Tonguç

Alle Bemühungen in der Vergangenheit, die Dörfer aus ihrer Rückständigkeit zu befreien, waren beinahe ausnahmslos gescheitert. Die Gründe hierfür waren nach Tonguç nicht in den Dörfern zu suchen, sondern vielmehr in den Städten. Von den Städtern, die in aller Offenheit hinlänglich demonstriert hatten, wie sehr ihr Umfeld zu Schauplätzen von Intrigen, Machtkämpfen und Ausbeutung geworden war, konnte aus Tonguçs Sicht keine aufrichtige Anteilnahme für die Lage der Dörfer erwartet werden.[63] Damit lag es für Tonguç auf der Hand, daß das Problem der Dörfer nicht länger aus der Perspektive der städtischen Intellektuellen angegangen werden durfte. Die geistige Elite aus den Städten stellte in den Augen von Tonguç eine parasitäre Subkultur dar und war kaum mehr fähig, ihre eigene Daseinsform neu zu gestalten, geschweige denn die gesamte türkische Gesellschaft.

Für die Umgestaltung ländlicher Strukturen mußte vielmehr nach neuen wirksameren Wegen gesucht werden. Die Ressourcen hierfür waren nach Tonguç einzig und allein in den Reihen der benachteiligten Bauern selbst zu finden. Denn trotz ihrer „Ignoranz

---

61 ebd., S. 92. Übersetzung v. d. Verf.

62 ebd.

63 ebd., S. 100 f.

und Rückständigkeit" hatten kaum andere als die Bauern die türkische Souveränität über Jahrhunderte aufrechterhalten. Tonguç wollte in den Bauern und Dörfern jedoch nicht allein die treibenden Kräfte für die Entwicklung des ländlichen Raumes sehen. Für ihn war die Zukunft der Dörfer überdies eng verflochten mit der Zukunftsfrage des gesamten Landes. Denn er hob hervor:

„...ein Land, dessen Bevölkerung zu 80 % in den Dörfern lebt und solange sich hieran nichts ändert, muß ...im Dorf stets den Grundstein jeder Entwicklung ...sehen."[64]

Mit anderen Worten mußte die Zukunft des Landes Impulse von seinen Bauern erhalten.

Wie aber sollte ein Bauer, der bis dahin in „Ignoranz und Rückständigkeit" gelebt hatte, eine so große Verantwortung tragen können? Die Antwort hierauf hängt in den Werken von Tonguç eng mit der Bedeutung von Erziehung und Bildung zusammen. Dies stimmt damit überein, daß nach Tonguç der entscheidende Hebel zur Veränderung sozialer Strukturen im Bildungswesen zu finden war. Bezogen auf die Situation der Dörfer kamen der Erziehung und Bildung die entscheidende Aufgabe zu, nicht totes Wissen aus Büchern zu vermitteln, sondern den ersten Spalt im Netz zu öffnen, das die Bauern gefangenhielt. In diesem Zusammenhang betonte Tonguç ausdrücklich, daß das Problem nicht, wie manche annahmen, ein mechanischer Aufbau des Dorfes war. Das Dorf mußte vielmehr „von innen heraus erweckt" und auch der Bauer

„...so erweckt und bewußt gemacht werden, daß ihn keine Macht mehr für eigene Zwecke ausbeuten..."[65]

konnte.

Zusammen mit dieser Aussage war von Tonguç zugleich auch die Richtung angegeben, die die Bildungspolitik zukünftig zu verfolgen hatte: Die ökonomischen und gesellschaftlichen Probleme der Bauern mußten als untrennbarer Bestandteil der ländlichen Erziehungs- und Bildungsaufgabe verstanden werden. Zu beantworten blieb noch

---

64 ebd., S. 92. Übersetzung v. d. Verf.
65 ebd., S. 102.. Übersetzung v. d. Verf.

die Frage, wie diese Erziehung und Bildung auszusehen hatten. In Beantwortung dieser Frage wurde von Tonguç der Begriff „Lebens- und Arbeitsschule" als ein bestimmendes Merkmal zukünftiger Dorfschulen geprägt. Damit eine Schule den Charakter einer „Lebens- und Arbeitsschule" erfüllen konnte, mußte sie über Gärten für den landwirtschaftlichen Anbau, über Werkstätten, Tiere sowie Spiel- und Sportplätze verfügen.[66]

Da das von Tonguç gesetzte Ziel ohne Kampf nicht erreichbar war, kam es in erster Linie darauf an, diejenigen Kräfte zu erziehen, die einen solchen Kampf führen konnten. Auf der Grundlage seines Arguments, daß nach den Ressourcen für die Zukunft der Dörfer einzig und allein in den Dörfern selbst zu suchen sei, formulierte er den Leitsatz: „Vom Dorf für das Dorf". Damit war mit anderen Worten gemeint, daß in den „Lebens- und Arbeitsschulen" ausschließlich Jugendliche aus den Dörfern für die Dörfer erzogen und ausgebildet werden sollten. Und diese Schulen mußten ihren Schülern all die Kenntnisse und Fähigkeiten vermitteln, die erforderlich waren, um sämtliche in den Dörfern vorkommenden Bedürfnisse zu decken.[67] Von seinen Mitstreitern verlangte Tonguç zudem:

„Diesen Menschen müßt ihr zuerst das Denken beibringen und dann die Fähigkeit, diese Gedanken ohne Furcht auszusprechen. Da sie über Jahrhunderte geschwiegen haben, ist es nur natürlich, wenn sie nicht sofort sprechen können."[68]

Diese Forderung zeigt in knappen Worten, aus welcher in der Geschichte der türkischen Bildungspolitik einmaligen Bildungsauffassung die Dorfinstitute geboren wurden.

Von denjenigen, die an Tonguçs Seite und zusammen mit den Bauern im neuen Bildungsgeiste den ersten Schritt in dieser Richtung unternahmen, mußte man zweifelsohne uneingeschränkte Zuversicht in die Fähigkeit der ländlichen Bevölkerung erwarten. Das Projekt der Dorfinstitute sollte auch bald durch den Einsatz ihrer Leiter zeigen, daß es im Land an Kräften mit derartiger Zuversicht nicht mangelte.

---

66 Tonguç, I. H.: İş ve Meslek Terbiyesi, Ankara 1933

67 Tonguç, İ. H.: Canlandırılacak Köy, a. a. O.

68 Tonguç zitiert nach Makal. In: Tonguç'a Kitap, o. O., o. J., S. 217. Übersetzung v. d. Verf.

Zur Gefahr allerdings wurden jene Machteliten im ländlichen Raum, deren Einfluß Tonguç in seinen Werken kaum beachtet hatte. Diese Kräfte hatten sich auch in der Vergangenheit in den Weg aller zugunsten der Bauern geplanten Entwicklungen gestellt, und angesichts dieses neuen Bildungsgeistes war es nur eine Frage der Zeit, bis sie sich erneut als Gegner mobilisierten.

Vorbereitung, Aufbau und Entwicklung der Dorfinstitute

Erzieherkurse als erste Versuche zur Ausbildung von Dorflehrern

Nachdem Tonguç 1936 zum Leiter der Grundschulabteilung im Erziehungsministerium ernannt worden war, wurden in den Anfangsmonaten seiner neuen Tätigkeit aufwendige Feldforschungen unter seiner Leitung vorangetrieben. Sie sollten dem Zweck dienen, die Bildungsproblematik im ländlichen Gebiet mit Fakten zu belegen und die unmittelbar anstehenden Aufgaben mit den in Frage kommenden Lösungswegen nach Beobachtungen am Ort aufzulisten. Am Ende dieser Untersuchung wurde ein umfangreicher Bericht erstellt.[69] Zwei Tatsachen, auf die der Bericht aufmerksam machte, waren für die im Anschluß eingeleiteten Maßnahmen besonders entscheidend:

Die Untersuchung führte erstens den dringenden Bedarf an mindestens 20.000 Lehrern deutlich vor Augen. Mit der Ausbildung der erforderlichen Lehrer mußte so schnell wie möglich begonnen werden, wenn man das Bildungsdefizit der Dörfer in absehbarer Zeit systematisch bekämpfen wollte.

Zweitens ging aus dem Bericht hervor, wie junge Männer, die während ihres Militärdienstes als Unteroffiziere ausgebildet worden waren, nach der Rückkehr in ihre Dörfer den Dorfbewohnern Lesen und Schreiben beibrachten. Sie waren es auch, die den Bauern darüber hinausgehende Kenntnisse vermittelten, zum Beispiel über den Unterschied zwischen einem Sultanat und einer Republik. Diese Beobachtung war insofern von Bedeutung, als sie zeigte, welche

---

69 Tonguç, İ. H.: İlköğretim Kavramı, o. O., 1946, S. 267 ff.

Zielgruppe nunmehr gewonnen werden mußte, um einen Anfang zur Behebung des Lehrermangels machen zu können.

Die ersten eingeleiteten Versuche, Dorflehrer auszubilden, begannen unter der Bezeichnung Erzieherkurse. Erklärungen über die Gründe der gewählten Bezeichnung liegen nicht vor. Anzunehmen ist jedoch, daß sie mit der Komplexität der Aufgabenfelder der Absolventen zusammenhing. In dem erst nach einer einjährigen Versuchsphase der Kurse am 11. 6. 1937 verabschiedeten Gesetz über Dorferzieher heißt es hierzu unter § 1:

„... *die eingesetzten Dorferzieher sollen übernehmen: die Erziehungs- und Bildungsaufgaben der Dörfer, ... die Einweisung der Bauern in die fachmännische Führung landwirtschaftlicher Arbeiten ...* "[70]

Es ist ersichtlich, daß mit dem Gesetz über die Dorferzieher für die bereits begonnenen Erzieherkurse nicht nur eine legale Grundlage geschaffen, sondern darüber hinaus eine neue Dimension in das Aufgabenverständnis eines Dorflehrers gebracht wurde. Der neue Bildungsgeist, die ökonomischen und gesellschaftlichen Probleme von Bauern als Teil der ländlichen Erziehungs- und Bildungsaufgaben zu verstehen, hatte sich somit Zugang zur Bildungspolitik verschafft.

Zusammen mit dieser Formulierung der Aufgabengebiete von Dorf-erziehern wurde auch ersichtlich, daß diese nicht mehr allein durch die Unterstützung des Bildungsministeriums bewerkstelligt werden konnten. Auf diese Feststellung ist wohl der Beschluß zurückzuführen, die Verantwortung über die erforderliche Hilfestellung für die zukünftige Arbeit von Dorferziehern zwischen dem Bildungs- und Agrarministerium zu teilen. Dementsprechend wurde das Agrarministerium im § 32 desselben Gesetzes über Dorferzieher verpflichtet:

„... *den Dorferziehern unter genannten Voraussetzungen Produktions- mittel, Hilfsgeräte ... bereitzustellen ...* "[71]

---

70 „Gesetz über Dorferzieher", Nr. 3.238. In: Başgöz, I., Wilson, H.: Türkiye Cumhuriyetinde Eğitim ve Atatürk, Ankara 1968, S.174. Übersetzung v. d. Verf.

71 ebd.. Übersetzung v. d. Verf.

Für die jungen männlichen Kandidaten der Erzieherkurse, die nicht unter 22 Jahren sein durften und ihren Militärdienst als Unteroffiziere erfolgreich abgeschlossen haben mußten, war der staatliche Bauernhof in Mahmudiye bei Eskişehir als erster Ausbildungsort ausgewählt worden.[72] Die Wahl dieses Ortes, der keine Schule im herkömmlichen Sinne war, ging vermutlich mit der Vorstellung einher, den Kursteilnehmern statt einer verschulten Umgebung eine Dorfatmosphäre als Ausbildungsstätte zu bieten, um ihnen so die Wiedereingliederung in ihre Dörfer zu erleichtern.

Außer einem groben Rahmenplan waren den Kursleitern weder Richtlinien noch Programme zu Aufbau und Gestaltung des Unterrichts zur Verfügung gestellt worden.[73] Auch diese Vorgehensweise muß als Teil des neuen Bildungsansatzes verstanden werden. Indem Kursleiter ihre Curricula zusammen mit den Auszubildenden nach gemeinsamen Diskussionen und Absprachen erstellten, wurden die Kursteilnehmer zum selbständigen Denken motiviert. Überdies lagen hierin die Prämissen, durch die das Handeln im Sinne einer Gleichberechtigung zwischen Leitern und Teilnehmern gefördert werden konnte.

Bereits in den Erzieherkursen versuchte man, das Lernen basierend auf der Einheit zwischen Theorie und Praxis zu gestalten. Nach Aufteilung in Gruppen von je 10 Personen wurden die Kursteilnehmer von einem erfahrenen Lehrer und einem Agrarexperten geführt. Neben theoretischem Wissen wurden ihnen praktische Kenntnisse im Agrar- und Tierzuchtbereich vermittelt.

Die Erzieherkurse mit einer Gesamtdauer von einem Jahr setzten sich aus drei Phasen zusammen: Während der ersten sechsmonatigen Phase arbeiteten die Teilnehmer entsprechend der oben erwähnten Aufteilung auf den Feldern, Wiesen und in den Ställen. Die Fächer des theoretischen Unterrichts bestanden überwiegend aus Lese- und Schreibübungen, einfachem Rechnen, Staatsbürgerkunde, Geschichte und Geographie.

Für die zweite Kursphase war eine Art 'Praktikum' vorgesehen. In Dorfschulen in der Umgebung von Ankara wurde den Teilnehmern

---

72 Balkır, S. E.: Köy Eğitmeni Yetiştirme Kursları. In: Tonguç'a Kitap, a. a. O., S. 337 - 345

73 ebd.

die Möglichkeit geboten, ihre bis dahin erworbenen Kenntnisse in Schulklassen einzubringen.

Die Lerninhalte der dritten Phase des Kurses bauten auf den in den Dorfschulen während der vorangegangenen Schulung gewonnenen Erfahrungen auf. Nach Abschluß dieser dritten Etappe wurden die Teilnehmer nach Bestehen der Abschlußprüfung als Erzieher in die Dörfer entsandt.[74]

In den kleinen Dorfschulen sollten die Dorferzieher die Kinder an den Vormittagen im Rahmen der dreijährigen Grundschulzeit unterrichten. Viele Kinder wurden später Schüler der Dorfinstitute. Darüber hinaus wurde von den Dorferziehern gemäß ihrer Aufgabenstellung erwartet, daß sie die erwachsenen Dörfler alphabetisierten und ihnen im Sinne der kemalistischen Reformpolitik Kenntnisse in Staatsbürgerkunde vermittelten. Daneben mußten sie entsprechend der Bestimmung im Gesetz den Bauern auch in landwirtschaftlichen Fragen Hilfestellung leisten.[75]

Im Laufe ihrer praktischen Tätigkeit in den Dörfern mußten die Dorferzieher allerdings erfahren, daß sie nicht immer imstande waren, ihre vielschichtigen Aufgaben den Zielvorgaben entsprechend zu bewältigen. Die auftretenden Schwierigkeiten waren einerseits bedingt durch die Fülle der bäuerlichen Probleme, die der Dorferzieher als Teil seiner Arbeit angehen mußte, und andererseits durch die mangelnde Einhaltung der versprochenen Hilfeleistung von seiten des Agrarministeriums.

Dennoch wurde beobachtet, wie die meisten Dorferzieher mit größtem Einsatz den Bauern auch da zu helfen versuchten, wo die Regierung selbst versagt hatte.[76] Diese Einsatzbereitschaft war wohl auch Ausdruck der seinerzeit in der Türkei allgemein im Gefolge nationalistischer Umwälzungen beinahe euphorisch gestiegenen Umbruchstimmung. Ungeachtet dessen hatten die Dorferzieher zumindest demonstriert, daß sie den Wünschen der Regierungsvertreter durchaus entsprechen konnten. Denn bereits am

---

74 Balkır, S. E.: Köy Eğitmeni Yetiştirme Kursları, a. a. O.

75 Altunya, N.: Köy Enstitüleri Sistemine Toplu Bir Bakış. In: „abece", Nr. 1 vom April 1986

76 Başgöz, I., Wilson, H.: a. a. O., S. 174 f.

24. Juli 1935 hatte Saffet Arıkan als Erziehungsminister in seiner vor der türkischen Nationalversammlung gehaltenen Rede formuliert:

„Ich wünsche als Ziel, daß die Schüler der Dorfschulen kemalistische, patriotische Bürger werden und die Interessen der Gemeinschaft über individuelle Vorteile stellen."[77]

So gesehen, können die in der Folge der Erzieherkurse unternommenen Schritte zur Erziehung und Bildung der ländlichen Bevölkerung auch als Verdienst der Dorferzieher betrachtet werden, da sie mit ihrem Einsatz die zuständigen Kreise der Regierung zur Zustimmung zu weiteren umfangreicheren Taten ermutigt hatten.

Gründung und Aufbau der Dorfinstitute

Zur Bezeichnung 'Lehrerschulen'

Bevor die Dorfinstitute ihre endgültige Bezeichnung erhielten und per Gesetz legitimiert werden konnten, wurden sie, ähnlich wie die vorangegangenen Erzieherkurse, zunächst versuchsweise eröffnet. In der vorhandenen Literatur über die Dorfinstitute werden die zwischen 1937 und 1939 unter dem Namen 'Lehrerschulen' in verschiedenen Teilen des Landes entstandenen vier Einrichtungen als Versuchsphase der Dorfinstitute bezeichnet. Die erste Einrichtung wurde in Kızılçullu bei İzmir eröffnet. Ihr folgte im selben Jahr die zweite in Mahmudiye bei Eskişehir, wo auch der erste Erzieherkurs angefangen hatte. Bis 1939 wurden in Karaç bei Edirne und in Gölköy bei Kastamonu zwei weitere Lehrerschulen eröffnet. Nach der Verabschiedung des Dorfinstitutsgesetzes wurden sie in Dorfinstitute umbenannt.

Sämtliche Erfahrungen in den 'Lehrerschulen' dienten als Grundlage bei der Entstehung der Dorfinstitute. Daher können sie als Teil der Geschichte der Dorfinstitute betrachtet werden, die ich in den folgenden Abschnitten in ihren Etappen darzustellen versuchen werde.

---

77 Auszug aus der Rede des Erziehungsministers Saffet Arıkan. In: Cumhurbaşkanlarının, Başbakanların ve Milli Eğitim Bakanlarının Milli Eğitimle ilgili Söylev ve Demeçleri, Bd. II, o. O., 1946, S. 203. Übersetzung v. d. Verf.

Zur Verabschiedung des Dorfinstitutsgesetzes

Nach einer dreijährigen Versuchsphase der 'Lehrerschulen' wurde am 12. 9. 1940 der türkischen Nationalversammlung eine Gesetzesvorlage zur Gründung der Dorfinstitute vorgelegt. Daß man sich dabei statt der Bezeichnung 'Lehrerschule' auf den Begriff Dorfinstitute geeinigt hatte, hing mit der Absicht zusammen, die Unterschiede zwischen diesem Schulmodell und den herkömmlichen Schulen besser zu verdeutlichen. Denn aufgrund ihres Namens waren die 'Lehrerschulen' von seiten der Bevölkerung oftmals mit dem herkömmlichen Schulmodell verwechselt worden.[78]

Im Verlauf einer mehrstündigen Debatte in der Nationalversammlung wurden die Beweggründe für die Verabschiedung des Dorfinstitutsgesetzes erörtert.

Während der Debatte kamen auch Stimmen zu Wort, die die Zuversicht nicht teilten, in den Dorfinstituten eine das Bildungsproblem langfristig lösende Alternative gefunden zu haben. Ein wesentliches Argument richtete sich gegen die Bedingung, in die Dorfinstitute ausschließlich Dorfjugendliche aufzunehmen. Man verlangte, daß in der Bildungspolitik keine Unterschiede zwischen der Stadt- und Dorfbevölkerung gemacht werden sollten.[79] Es war diese Aufnahmebedingung, die in den folgenden Jahren als ein wichtiger Kritikpunkt gegen die Dorfinstitute auch vom fortschrittlichen Lager aufgegriffen wurde. Ihre Anhänger vertraten den Standpunkt, durch die bildungspolitische Förderung von Dörfern würde die bestehende Kluft zwischen Städten und Dörfern auf eine neue Weise vergrößert werden. Und dies wiederum impliziere die Gefahr, daß man mit dem zwangsläufig zu erwartenden Aufkommen eines „Dörflerbewußtseins" einen Weg zur Spaltung der nationalen Einheit freigab. Ganz unbegründet scheint ein Teil dieser Kritik nicht, wenn man bedenkt, daß der Ausschluß von Städtern und die verstärkte Förderung von Dörflern tatsächlich auch die Entstehung einer klassenspezifischen Bewußtseinsform begünstigte, in der die Unterschiede nicht so sehr

---

78 Balkır, S. E.: Dipten Gelen Ses, a. a. O., S. 15 f.

79 Arman, H.: Köy Enstitüleri neydi, ne değildi? In: „İnceleme" vom 18. 4. 1943

nach dem sozialen Status, als vielmehr nach dem Wohnort definiert wurden.

Allerdings machten einige Jahre später das politische Interesse und Engagement der Dorfinstitutsabsolventen deutlich, daß sich derartig kritische Zukunftsvisionen auf Hypothesen stützten, deren Eintreten weniger von der Spaltung der Bildungspolitik in Stadt- oder Landförderung abhing, sondern vielmehr von der Frage, welche Lerninhalte mit Hilfe des Bildungsweges thematisiert wurden.

Derartige Detailaspekte blieben jedoch im Rahmen der Debatte ausgespart. Es waren primär pragmatische Gesichtspunkte, die zugunsten der Dorfinstitute in den Vordergrund gestellt wurden. Darunter im wesentlichen die Notwendigkeit, in den Dörfern mit Hilfe der Dorfinstitute die Grundschulerziehung auf schnellstem und einfachstem Weg zu fördern und der Bevölkerung die Fertigkeiten beizubringen, die sie für das Dorfleben brauchten.[80] Daß die kemalistischen Befürworter von Dorfinstituten mit dem pragmatischen Interesse auch parteipolitische Zwecke verbinden wollten, erscheint in diesem Zusammenhang als Gedanke nicht abwegig.

Im vorangegangenen Kapitel versuchte ich zu zeigen, daß die Kemalisten bestrebt waren, mit ihrer Reformpolitik auch die bäuerliche Bevölkerung zu erreichen. Die meisten Maßnahmen waren den Dörflern dennoch fremdgeblieben. Und es war keine bewußte Akzeptanz seitens der ländlichen Bevölkerung, die die Übernahme einiger weniger Reformen bewirkte. Zurückzuführen war dies in erster Linie auf den erzwungenen Charakter der gesellschaftlichen Modernisierung. Auch fehlte es den Kemalisten an einer geeigneten Kommunikationsmöglichkeit mit der ländlichen Bevölkerung, die die Kluft zwischen dem modernen kemalistischen Gedankengut und den primitiven Lebensgewohnheiten der Dörfler zu überwinden half. Nicht zuletzt hierdurch könnte sich die Zahl der politischen Anhänger im ländlichen Raum erhöhen. So bot der Bildungssektor durchaus die Möglichkeit, Kapazitäten auszubilden, die imstande wären, im

---

80 Ekmekçi, M.: Mecliste Köy Enstitüleri Nasıl Açıldı, Nasıl Kapandı? In: Köy Enstitüleri. Yeni Toplum, Özel Sayı, Ankara 1976, S. 49 - 55

Sinne der politischen Interessen als Sprachrohr bzw. als Vermittler zu fungieren. Für eine Mission dieser Art war kaum jemand geeigneter als derjenige, der über ländliche Sozialisationserfahrung verfügte. Diese Erfahrungen würden es ihm ermöglichen, im Dorf leichter Fuß zu fassen und aufgrund des gemeinsamen Lebenshintergrunds das Vertrauen der Dörfler schneller zu gewinnen.

Die Frage jedoch, ob und inwieweit derartige Zukunftspläne von allen führenden kemalistischen Politikern bewußt geteilt wurden, läßt sich kaum beantworten. Das Engagement des Erziehungsministers Yücel und seine beinahe bedingungslose Unterstützung des von Tonguç entworfenen Konzepts, die Dörfer durch Erziehung und Bildung zu erwecken, erlaubt zumindest den Schluß, daß auch sein Interesse vorrangig der Zukunft der Dörfer galt und weniger parteipolitischem Kalkül. Daß die Argumente gegen die Dorfinstitute in der Nationalversammlung entkräftet werden konnten, muß ebenfalls als besonderes Verdienst des Erziehungsministers Yücel gesehen werden.[81] Als Folge seines energischen Einsatzes konnte schließlich die Verabschiedung des Dorfinstitutsgesetzes nach einer mehrwöchigen Untersuchung in verschiedenen Kommissionen am 17. 4. 1940 erreicht werden.[82]

Das Dorfinstitutsgesetz mit der Nummer 3803 umfaßte insgesamt 22 Paragraphen. Zusammen legten sie die Mechanismen sämtlicher die Dorfinstitute betreffenden externen und internen Maßnahmen fest. Weisungen betreffs der anzuwendenden Erziehungs- und Bildungsinhalte wurden im Gesetz jedoch nicht gemacht. Erst 1943 wurde hierfür ein gesondertes Programm erstellt.

Zur Festlegung der Ziele und Aufgaben

Der § 1 des Dorfinstitutsgesetzes gab an, daß die Dorfinstitute gegründet wurden,

---

81 Ekmekçi, M.: a. a. O., S. 49 - 55

82 **Meran, H.**: Enstitüleri, halkın bilinçlenmesini istemeyenler kapattı. In: „Demokrat" vom 17. 4. 1980

„um Dorflehrer und Kräfte in landwirtschaftlichen Berufen auszubilden."[83]

Damit wurde die Besonderheit der Dorfinstitute im Vergleich zu vorangegangenen Erzieherkursen unmißverständlich deutlich gemacht. Während man in den Erzieherkursen ausschließlich Dorflehrer in einem einjährigen Zeitrahmen ausbildete, wurden die Dorfinstitute mit einer Ausbildungsdauer von „mindestens 5 Jahren"[84] zu Einrichtungen, die auf die Bedürfnisse der Dörfer wirksamer eingehen sollten indem hier nicht nur Dorflehrer, sondern auch andere für die Dörfer notwendige Berufskräfte geschult wurden. Andererseits gab man hierdurch auch manchen Schülern der Dorfinstitute, die sich für einen Lehrerberuf nicht eigneten, die Sicherheit, die Ausbildung dennoch mit einem Beruf abzuschließen. Nicht zuletzt entsprach diese Regelung auch dem von Tonguç vertretenen Standpunkt, daß in jedem Menschen Fähigkeiten entdeckt werden könnten, sofern man Voraussetzungen hierfür schafft.[85]

Das Gesetz sah aber auch vor, daß in den Dorfinstituten Mädchen und Jungen gemeinsam auszubilden waren. Diese Regelung als Ausdruck einer emanzipatorischen Erziehungs- und Bildungsauffassung war nicht nur für das ländliche Anatolien neuartig. Selbst in den Städten des Landes, wo die Schulbildung von Mädchen stärker gefördert werden konnte als im ländlichen Raum, existierten trotz des von den Kemalisten eingeführten Gesetzes zur Gleichstellung von Mann und Frau keine Internate, in denen die Geschlechter nicht getrennt wurden. Ebenfalls entsprechend den Impulsen von Tonguç, die Probleme von Dörfern in ihrer Ganzheit in das Aufgabenfeld eines Dorflehrers zu integrieren, hielt der § 6 des Dorfinstitutsgesetzes hierzu fest:

„Die Lehrer aus den Dorfinstituten werden in den Dörfern, in die sie entsandt werden, sämtliche Erziehungs- und Bildungsaufgaben übernehmen. Durch eigenen Anbau auf den Feldern, eigene Bepflanzung von Gärten sowie eigene Einrichtung von Werkstätten

---

83 „Dorfinstitutsgesetz", Nr. 3803 vom 17.4.1940. In: Balkır, S. E.: Dipten Gelen Ses, a. a. O., S. 35. Übersetzung v. d. Verf.

84 ebd.

85 Tonguç, İ. H.: İş ve Meslek Terbiyesi, a. a. O.

werden sie Wegweiser zur wissenschaftlichen und fachmännischen Führung landwirtschaftlicher Arbeiten und sorgen dafür, daß die Bauern hiervon profitieren.[86]

Es ist zu sehen, daß hier wiederum im Vergleich zum vorangegangenen Gesetz über die Erzieherkurse präzisiert und abgesichert wurde, wie die vorbildliche und damit aufklärende Funktion eines Dorflehrers wirksamer zu erzielen war: Nicht nur durch Erteilung von Anweisungen, sondern durch die eigene Betätigung in Werkstätten, Gärten und Feldern, die den Schulen in den Dörfern künftig zur Verfügung gestellt werden mußten. Zu fragen ist auch, ob man nicht gleichzeitig bemüht war, hierdurch das gewohnte Erscheinungsbild des Lehrers zu verändern. Der Lehrer trat nicht mehr nur im Anzug vor die Bauern, wodurch allzu schnell der Eindruck städtischen Gehabes entstehen konnte. Der Anzug mußte durch die entsprechende bäuerliche Arbeitskleidung ersetzt werden, wenn sich der Lehrer zusammen mit seinen Schülern auf den genannten Gebieten betätigte. Dadurch konnte die Kluft zwischen den Lehrern und den Bauern in den Dörfern schneller abgebaut werden.

Um sicherzustellen, daß die Dorflehrer ihre gesetzlich vorgegebenen Aufgaben ausführen konnten, wurden im § 11 die Gegenleistungen geregelt. Darin wurde der Staat verpflichtet, den Dorfschulen, in die die Dorflehrer entsandt wurden,

„... sämtliche erforderlichen Werkzeuge, Saatgut, Zuchttiere, Pflanzen ...[87]

unentgeltlich als Eigentum zur Verfügung zu stellen. Darüber hinaus verpflichtete sich der Staat, den Lehrern und ihren Familien mietfreie Wohnräume zu stellen sowie ein nach den Dienstjahren gestaffeltes Gehalt in Höhe von 20 bis 40 TL[88] monatlich zu zahlen. Als weitere Gegenleistung für ihre Arbeit sollte es den Dorflehrern erlaubt sein, außer zu Lernzwecken auch für den eigenen Haushalt Landwirtschaft zu betreiben.

---

86 „Dorfinstitutsgesetz" Nr. 3803 vom 17. 4. 1940. In: Balkır, S. E.: a. a. O.. Übersetzung v. d. Verf.

87 ebd.. Übersetzung v. d. Verf.

88 TL = Türkische Lira

Zu Standorten und Errichtung von Dorfinstituten

Das Vorhaben, in den Dorfinstituten ausschließlich Kräfte auszubilden, die den Bedürfnissen der Dörfer entsprachen, verlieh
der Entscheidung nach den Standorten dieser Einrichtungen eine
besondere Bedeutung. Während die meisten herkömmlichen Schulen
mit Präferenz in zentralen und damit leicht erreichbaren Orten
eingerichtet wurden, konnte für die Wahl der Standorte der Dorfinstitute nicht die schnelle Erreichbarkeit als Kriterium gelten.
Vielmehr stand der pädagogische Aspekt, ob sich der Ort für die
Durchführung der praktischen Unterrichtsteile wie Landwirtschaft,
Tierzucht u. ä. eignete im Vordergrund. Zudem war es wichtig,
solche Orte zu wählen, die für die Probleme repräsentativ waren, mit
denen die Absolventen der Dorfinstitute später konfrontiert werden
würden. Nur so konnte ihnen die Bewältigung der anstehenden
Aufgaben in den Dörfern erleichtert werden. Derartige Fragestel-
lungen waren für andere Schulen irrelevant, da in ihnen weder
entsprechende Unterrichtseinheiten vorgesehen waren noch ihre
Absolventen verpflichtet wurden, ihren Dienst im ländlichen Gebiet
anzutreten.

Mit dem Vermerk, daß die Dorfinstitute

> „.. in den für Landwirtschaft geeigneten Gegenden ... "[89]

gegründet werden sollten, wurde im § 1 des Dorfinstitutsgesetzes
die Verbindung zwischen dem Lernzweck und den Standorten
hergestellt. Vor diesem Hintergrund wurde nach Verabschiedung des
Gesetzes die Suche nach geeigneten Gründungsorten mit einer beinahe
wissenschaftlichen Sorgfalt vorangetrieben.

Aufgrund der genannten Kriterien war allen Verantwortlichen bewußt,
daß für den Aufbau der Institute eine Vielzahl von Hindernissen
überwunden werden mußte, die sich zum Beispiel schon allein aus
der Entfernung der Orte zu größeren Städten ergaben. Als jedoch
die ersten von Tonguç ernannten Leiter entsandt wurden, waren
die meisten von ihnen von den ausgesuchten Orten weit mehr
entmutigt, als sie sich das zuvor vorgestellt hatten. Dabei sahen sie

---

89 „Dorfinstitutsgesetz", Nr. 3.803 vom 17. 4. 1940. In: Balkır, S. E.: a. a. O.. Übersetzung v. d. Verf.

in der umständlichen Erreichbarkeit der Dörfer wegen ihrer großen Entfernung zu den Städten das geringste Problem. Den desolaten Zustand in fast allen ausgesuchten Orten schildert Balkır in einer Notiz an Tonguç am Beispiel von Arifiye, wohin er als Leiter mit dem Auftrag zur Gründung eines Instituts entsandt worden war:

„Arifiye ist eine abgelegene Station. Nur hier und dort einige Häuser, die fast zusammenbrechen. In diesem von Moskitos beherrschten Sumpf kann nicht einmal ein Tier leben. Es würden hier sicher mehr Menschen leben, wenn dies ein bewohnbarer Ort wäre. Dieser Ort ist eine wahre Hölle; sein Schlamm reicht bis zu den Knien ... "[90]

Abschließend bat Balkır seinen Vorgesetzten Tonguç, er möge sein Vorhaben, ausgerechnet in diesem Ort ein Institut zu errichten, doch aufgeben. Hierauf erhielt Balkır von Tonguç folgende Antwort:

„Wie schnell du doch resignierst! ... Wo in unserem Land gibt es keine Sümpfe, wo fehlt es an Malaria? Viele Menschen leben immer noch unter der Erde und können kein Tageslicht sehen. Wollen wir diesen Menschen, die abgeschieden von so vielen Errungenschaften leben, durch Weglaufen ein Vorbild sein? Ich hoffte, du könntest dich diesen wenigen Familien in Arifiye annähern und das Geheimnis ihres Überlebens entdecken. Das wäre der richtige Weg, weil die Bedeutung unseres Vorhabens einzig hierin liegt ... Kannst du mir sagen, wie wir, ohne selbst in den Schlamm einzutauchen, gegen den Sumpf und die Malaria anzukämpfen, diesen Menschen vorbildlich zu einem menschenwürdigen Leben verhelfen können?" [91]

Balkır erinnert sich:

„Der Brief von Tonguç traf mich wie ein Schlag ins Gesicht ... Und ich erwachte." [92]

Ähnliche Worte erhielten auch andere Leiter, die sich in ihren Schreiben an Tonguç über den Zustand der vorgefundenen Orte in mehr oder weniger gleicher Weise beschwert hatten. Fast alle

---

90 Balkır, S. E.: a. a. O., S. 58. Übersetzung v. d. Verf.

91 Tonguç zitiert nach Balkır, S. E.: a. a. O., S. 59 f.. Übersetzung v. d. Verf.

92 ebd., S. 60. Übersetzung v. d. Verf.

Institutsleiter, die sich später in ihren Memoiren der Gründungsjahre der Institute erinnerten, beschreiben ihre Gefühle nach dem Erhalt der zurechtweisenden Worte ähnlich wie Balkır. Kein einziger Institutsleiter gab auf, was nach allem wohl einer persönlichen Niederlage gleichgekommen wäre.[93] Sie alle waren selbst in Städten ausgebildet worden und gehörten doch zum engsten Vertrauenskreis von Tonguç, wobei sie überwiegend seine Schüler waren.[94] Daraus läßt sich entnehmen, mit wieviel Sorgfalt Tonguç die Institutsleiter ausgesucht hatte.

Obgleich die Institutsleiter selbst Pädagogen waren und kaum Kenntnisse, wie etwa über den Bau von Häusern, Wassergräben u. ä. besaßen, waren sie für die Entstehung der Dorfinstitute in Form von campusartigen Großsiedlungen, in denen die Schüler und das Lehrpersonal gemeinsam leben und lernen sollten, in jeder Hinsicht verantwortlich. Es gab so gut wie keine Hilfe vom Staat. Mit einem kaum vorstellbaren Enthusiasmus und Erfindungsgeist wurden tatsächlich alle Arbeiten vom Lehrpersonal und von den Schülern der Dorfinstitute vollbracht.

Da die meisten Dorfinstitute ihre Tätigkeit aufnahmen, noch bevor auf ihrem Gelände irgendein Gebäude stand, mußten die Lehrer und Schüler am Anfang in Zelten untergebracht werden. Ersoy, Leiter des Dorfinstituts in Aksu, beschreibt den Anfang so:

„.. als erstes haben wir zwei geeignete Steine gesucht und darauf den Topf gestellt. So haben wir angefangen, zu kochen. "[95]

Kreativität als eines der bekanntesten Prinzipien der Dorfinstitute wurde so durch ihre Entstehungsgeschichte geprägt. Damit war gemeint, daß alles durch Arbeit quasi aus dem Nichts hervorgehen mußte. Dieses Prinzip verband sich nicht zuletzt mit dem Wunsch, durch die Dorfinstitute einen Menschentyp zu kreieren, der in jeder Lebenssituation die Fähigkeit besaß, mit Hilfe ausschließlich seiner eigenen geistigen und physischen Kraft Neues zu schaffen. Hierzu

---

93 Arman, H.: Piramidin Tabanı, a. a. O.

94 Altunya, N.: a. a. O.

95 Ersoy zitiert nach Gedikoğlu, Ş.: a. a. O., S. 55. Übersetzung v. d. Verf.

gehörte auch, daß man die Natur nutzbar machte. Der Leiter Tekben vom Akçadağ Dorfinstitut erzählt:

„..Zuerst wurden die Straßen gebaut. Daneben verlegten wir Tausende von selbstgefertigten Abflußrohren. 8 km lang wurde gegraben und wurden Röhren gelegt und Trinkwasser gebracht. Aus 5 km Entfernung wurde Bewässerungswasser geholt. Diese Wasserhähne, aus denen ständig Wasser fließt und die einen wunderbaren Klang hervorbringen, sind ein Symbol für das Besiegen des Bodens durch tausende Hände. Dieser Klang des Wassers ist das einzige Lied von Tausenden in einer Gegend, wo man nicht einmal Vogelstimmen hörte. Es war alles nicht einfach. Wir haben Schnee geschmolzen und damit gekocht und dieses Wasser getrunken; so haben wir den Winter überstanden. Wir haben gegen Wind, Sturm, Kälte und Wärme in den Fellzelten gekämpft ... "[96]

In vielen Schriften über die Dorfinstitute werden die vom Lehrpersonal und den Schülern gemeinsam vollbrachten Leistungen als von Anfang an intendierte pädagogische Maßnahmen interpretiert. Vergessen bleiben dabei die politischen und wirtschaftlichen Aspekte, da die Dorfinstitute in einer Zeit errichtet wurden, als sich der Zweite Weltkrieg ausbreitete. Obwohl die Türkei selbst am Zweiten Weltkrieg nicht aktiv teilnahm, blieb ihre ohnehin instabile Wirtschaft von den Auswirkungen des Krieges nicht unberührt. So war es dem türkischen Staat ohnehin kaum möglich, den Bau der Dorfinstitute durch mehr finanzielle Unterstützung zu stabilisieren. Die besondere Leistung der Dorfinstitute bestand jedoch in der Tatsache, daß sie aus der wirtschaftlichen Misere dennoch pädagogische Vorteile ziehen und ihre Aufgaben beispielhaft erfüllen konnten.

Lehr- und Leitungspersonal

Eine der beachtenswertesten Grundlagen der Dorfinstitute war ihr Geschick in der Rekrutierung ihres Leitungspersonals. Der § 17 des Dorfinstitutsgesetzes gab acht verschiedene Institutionen bzw.

---

96 Tekben, S.: Canlandırılacak Köy Yolunda, o. O., 1947, S. 54. Übersetzung v. d. Verf.

Quellen an, aus denen Lehrer für die Dorfinstitute gewonnen werden konnten.[97]

Ausgehend vom Verständnis des klassischen Bildungswesens wurde das Lehrpersonal der Dorfinstitute oft zu Unrecht beschuldigt, daß es „unwissend und unqualifiziert" sei. Kaum anders als in vielen anderen Ländern, war bzw. ist auch in der Türkei der Besitz eines Diploms maßgebend, um die Qualifikation einer Person zu beweisen. Für die Dorfinstitute hingegen war ein Diplom kein ausschlaggebendes Kriterium. Lehraufgaben konnten auch von Handwerkern, Schmieden, Maurern u. ä. übernommen werden. Diese gesetzliche Regelung entsprach durchaus dem Prinzip der Kreativität. Von Schülern wie Lehrern wurden Flexibilität und Ausdauer verlangt. Diese Qualitäten waren keine temporären Zustände, sondern müssen als Ausdruck des Bildungsgeistes in den Dorfinstituten als permanente Eigenschaften verstanden werden. Wenn eine Person nicht die Fähigkeit besaß, sich entsprechend den gegebenen Anforderungen ständig zu beweisen, nutzte auch der Grad des Diploms nicht, um sich den schweren Arbeitsbedingungen der Institute anzupassen.

Hinsichtlich der Wahl des Lehrpersonals verfügten die Institutsleiter über große Entscheidungsfreiheit. Es war ihnen möglich, Personen aus ihrem Bekanntenkreis dem Erziehungsministerium als Lehrer zu empfehlen. Nur selten wurde von seiten des Erziehungsministerium eine Empfehlung abgelehnt. Zur Einstellung von Handwerksmeistern, die für den praktischen Unterricht eingestellt wurden, brauchten die Leiter oftmals keine ministerielle Genehmigung. Eine Vielzahl von diesen Lehrpersonen konnte selbst weder lesen noch schreiben und erwiesen sich trotzdem als hervorragende Kapazitäten auf ihrem Fachgebiet. Daß die Institutsleiter die Siedlungen der Dorfinstitute trotz eigener Unkenntnis auf diesem Gebiet bauen konnten, verdanken sie vielfach den fachspezifischen Ratschlägen dieser Menschen.[98] Hierzu gehörten auf der Seite der Institutsleiter zweifelsohne Bescheidenheit sowie Vertrauen, um ungeniert ihre Unkenntnis

---

97 „Dorfinstitutsgesetz", Nr. 3.803 vom 17. 4. 1940. In: Balkır, S. E.: a. a. O., S. 35 f.

98 Arman, H.: Piramidin Tabanı, a. a. O.

zugestehen und Ratschläge von den sogenannten 'Untergebenen' einholen zu können.

Die meisten Leiter der Institute waren Absolventen des Pädagogischen Instituts in Ankara.[99] Es handelte sich um Personen, auf die sich Tonguç bei der Verwirklichung seiner Pläne verlassen konnte, da sie alle durch gemeinsame Zusammenarbeit sein Vertrauen gewonnen hatten.

Aufnahmebedingungen und Ankunft von Schülern

Ungeachtet aller Kritik, auf die ich im Rahmen der Verabschiedung des Dorfinstitutsgesetzes einging, hielt der § 3 desselben Gesetzes entsprechend dem von Tonguç geprägten Leitsatz „Vom Dorf für das Dorf" fest:

„In die Dorfinstitute werden Dorfkinder aufgenommen, die ihre Grundschulerziehung absolviert haben und gesund sind ... "[100]

Die Ausbildung und Unterbringung in den Dorfinstituten war kostenlos. Um jedoch zu verhindern, daß die Schüler nach Abschluß ihrer Ausbildung in andere Tätigkeitsgebiete abwanderten, wurde vor der Aufnahme eines Schülers ein Vertrag zwischen den Eltern und dem Erziehungsministerium unterzeichnet. Darin wurden die angehenden Lehrer gemäß dem § 5 des Dorfinstitutsgesetzes verpflichtet,

„in den Orten, in die sie vom Erziehungsministerium entsandt werden, 20 Jahre Pflichtarbeit ... "[101]

zu verrichten. Im Falle einer vorzeitigen Beendigung dieser Tätigkeit war der Lehrer gezwungen, die Ausbildungskosten an den Staat zurück zu erstatten. Die Ausbildungskosten mußten auch dann zurückgezahlt werden, wenn die Ausbildung aus eigenem Verschulden des Schülers noch vor dem Schulabschluß abgebrochen wurde.

---

99 İnan, M. R.: a. a. O.

100 „Dorfinstitutsgesetz", Nr. 3.803 vom 17. 4. 1940. In: Balkır, S. E.: a. a. O.; S. 35 f.. Übersetzung v. d. Verf.

101 „Dorfinstitutsgesetz", Nr. 3.803 vom 17. 4. 1940. In: Balkır, S. E.: a. a. O., S. 35 f.. Übersetzung v. d. Verf.

Um festzustellen, ob die Kandidaten den Anforderungen der Institute sowohl in geistiger als auch gesundheitlicher Hinsicht entsprachen, war eine intensive Aufnahmeprüfung vorgesehen worden. Da in den ersten Jahren der Institute die Zahl der Bewerber weit unter der erhofften Grenze lag, beschränkte sich diese Prüfung oftmals nur auf die gesundheitliche Eignung.

Die Suche nach Schülern wurde für die Dorfinstitute in der Tat zu einem wichtigen Problem. Nicht in allen Dörfern in der Umgebung der Institute waren genügend Kinder, die eine Grundschule abgeschlossen hatten. Andererseits gab es auch eine Reihe von Dorfbewohnern, die ihre Kinder nicht in die Institute schicken wollten. Die Dorfinstitute paßten einfach nicht in das Bild, das sich viele von einer Lehrerschule sowie angehenden Lehrern machten. In diesen merkwürdigen Einrichtungen, sagten sie, ließe man die Kinder lediglich wie Hilfsarbeiter in Uniformen arbeiten. Manche wiederum fürchteten, daß die mit einem Grundschulabschluß aufgenommenen Schüler noch zu jung seien, um den Arbeitsbedingungen der Institute gewachsen zu sein. Auch dieser Vorwurf wurde später als eine wichtige Kritik gegen die Dorfinstitute aufgegriffen. Begründet wurde sie mit dem Argument, man würde die Dorfjugendlichen, von denen die meisten noch Kinder waren und als Schicksal ohnehin nur die harte Arbeit kannten, durch die schweren Arbeitsbedingungen in diesen Einrichtungen weiterhin physischer Ausbeutung aussetzen. Zudem sahen sie kaum andere Zukunftsaussichten als die Fortsetzung der harten Arbeit in den Dörfern. Im wesentlichen waren es jedoch die Absolventen der Dorfinstitute selbst, die sich später gegen derartige Kritiken stellten.

Indes zogen es die meisten Eltern vor abzuwarten, bevor sie ihre Kinder anmeldeten. Sie wollten sehen, wie sich die Dorfinstitute bewährten. Ohne Schüler war das aber nicht gerade einfach.

So wurde nach Wegen gesucht, um das Problem zu lösen. Für Schüler mit einem nur dreijährigen Grundschulabschluß wurden in den Instituten Vorbereitungsklassen eingerichtet. In dem Bemühen, die Bauern von den guten Absichten der Institute zu überzeugen, gingen die Lehrer und Aufsichtsräte von Dorf zu Dorf.[102] Sie sprachen mit den Eltern und Dorfvorstehern, um so Schüler zu gewinnen. Dennoch war es besonders schwierig, Mädchen zu finden. Die Vorstellung, daß ihre Töchter quasi unter einem Dach mit den Jungen leben mußten, war für die Eltern unakzeptabel. Die strengen Normen, die bei der Erziehung von Mädchen eine besondere Rolle spielten, waren auch den Verantwortlichen der Dorfinstitute allzu gut bekannt. Um die Dorfbewohner zu überzeugen, daß ihre Befürchtungen hinsichtlich des Zusammenlebens von Mädchen und Jungen unbegründet waren, wurden Väter und Mütter gebeten, ihre Töchter zu begleiten und einige Tage mit ihnen im Institut zu leben. Wenngleich die Zahl der Schülerinnen bis zur Abschaffung der Dorfinstitute stets weit unter der männlichen Schülerzahl lag, erwies sich diese Methode als einzig geeignete, um überhaupt Mädchen für die Ausbildung zu gewinnen. Später übernahmen die Schüler auch selbst die Arbeit, weitere Interessenten zu gewinnen, indem sie in ihren Briefen an Freunde für die Institute warben.

Die ersten Schüler, erinnert sich Balkır, kamen in ihren ältesten Kleidungsstücken, so als hätten sie ihr Elternhaus verlassen, um den Militärdienst anzutreten.[103] Kaum einer von ihnen brachte die erforderlichen Dokumente mit. Die Institutsleiter wurden so vor die Wahl gestellt, die Jugendlichen entweder nach ihren eigenen Eindrücken aufzunehmen oder zurückzuschicken, damit sie ihre Unterlagen holten. Für den letzten Weg entschied sich so gut wie kein Leiter, weil man fürchten mußte, daß die Schüler nicht wieder zurückkehren würden.

Natürlich gab es unter den bereits aufgenommenen Schülern auch einige, die bei der ersten Gelegenheit fortliefen. In einigen Fällen verschwanden manche Schüler, sobald sie ihre neuen Kleidungsstücke bekommen hatten. Nach einigen Tagen kehrten sie wieder zurück; sie waren nur nach Hause gegangen, um ihre neuen Kleider zu zeigen und brachten neue Schüler mit.[104]

---

102 Apaydın, T.: Karanlığın Kuvveti. Köy Enstitüsü Yılları, o. O., 1967

103 Balkır, S. E.: Dipten Gelen Ses, a. a. O.

104 Arman, H.: Piramidin Tabanı, a. a. O.

1940 hatten die Institute 116 weibliche und 1.401 männliche Schüler. Bis 1945 stiegen die Zahlen bei den Mädchen auf 1.700 und bei den Jungen auf 13.806.[105]

Gewohnheiten und Hygiene als Probleme

Bald nach Ankunft der ersten Schüler stellte man fest, daß es einige Zeit dauern würde, bis der Unterricht in geregeltem Ablauf gestaltet werden konnte. Zuerst mußte dafür gesorgt werden, daß das Zusammenleben in den Instituten nicht in einem Chaos zusammenbrach. Hier trafen nicht nur unterschiedliche Generationen wie Lehrer und Schüler aufeinander, sondern gleichzeitig auch verschiedene Lebenseinstellungen und -gewohnheiten, die einander fast so fremd waren, wie Kulturen aus verschiedenen Kontinenten.

Die einfachsten Gewohnheiten, die als selbstverständliche Rituale die Tagesabläufe des Lehrpersonals begleiteten, waren den Schülern oft im gleichen Maße fremd wie bedeutungslos. Ein Institutsleiter erinnert sich:

„Die Schüler, die in den Instituten mit den neuen Lebensbedingungen konfrontiert wurden, schauten sich entweder verzweifelt und hilfesuchend um oder lachten und machten sich über alles lustig. Wir, die wir jede Reaktion der Schüler voller Spannung beobachteten, waren schockiert; oft wurden wir nervös. "[106]

Tamer, ein anderer Institutsleiter, beschreibt die Anfänge folgendermaßen:

„In den ersten Tagen mußten wir Qualen durchstehen. In der Eßhalle bedeckten wir die Tische mit Linoleum. Darauf wurden Teegläser und Löffel verteilt. Wir vergaßen auch nicht, Servietten für jeden Schüler hinzulegen. Löffel, Gabel und Messer wurden ebenfalls gedeckt. Anschließend baten wir die Schüler, Platz zu nehmen. Nach einer Weile schaute ich mich um. Die Linoleumdecken waren voller Zeichnungen und Löcher. Die Löffel und Gabeln waren gekrümmt,

---

105 Gedikoğlu, Ş.: a. a. O., S. 56 f.

106 Güner, İ. S.: Köy Enstitüsü Hatıraları, o. O., 1963, S. 34 f.. Übersetzung v. d. Verf.

zerbrochen oder lagen unbenutzt unter den Tischen. Oliven und mit Olivenöl zubereitetes Essen, das man besonders in den Städten schätzte, wurde von den Schülern nicht gegessen. Wann immer solch 'luxuriöse' Mahlzeiten serviert wurden, nahm mehr als die Hälfte der Schüler ihre Brotration und verließ den Eßraum."[107]

Mit solchen Problemen, wie sie geschildert wurden, waren mehr oder weniger alle Institute konfrontiert. Einige hatten zusätzlich mit enormen hygienischen Problemen zu kämpfen, die gesundheitsgefährdende Ausmaße annehmen konnten. Auch hierzu liefern die Berichte einiger ehemaliger Institutsleiter Beispiele:

Einigen Schülern des Akçadağ Dorfinstituts gelang es einfach nicht, Toiletten oder Wasser zu benutzen. Tekben, der Leiter dieses Instituts, schreibt:

„Besonders in der Nacht verrichteten sie ihre Notdurft, wo es ihnen beliebte."[108]

Erst später erfuhr man aus den Untersuchungen einer Pädagogin über den Glauben, daß die Schüler die Toiletten weniger aus Ignoranz mieden. Die Toiletten waren nicht nur fremd, sondern ihre Benutzung erschien ihnen auch aufgrund ihres Glaubens verboten. Mit allem, was rund und/oder kugelförmig war, mußte mit Respekt umgegangen werden, da es religiöse Symbole darstellte.[109] Und die Toiletten hatten nun einmal runde Öffnungen. Inwieweit jedoch das Lehrpersonal des Instituts seinerzeit über diese Tatsache informiert wurde, läßt sich nicht exakt ermitteln.

Balkır hingegen suchte verzweifelt nach Lösungen, um die Schüler von Läusen zu befreien, die sie mitgebracht hatten. Es war keine leichte Aufgabe. Beeinflußt von dem Sprichwort aus der Gegend: „Läuse sind des Helden Begleiter", waren die Schüler beinahe stolz, von Läusen befallen worden zu sein. Balkır griff zu einem Trick: Mädchen wurden beauftragt, jeden Morgen die Betten und Köpfe der Jungen

---

107 Tekben, S.: a. a. O., S. 55. Übersetzung v. d. Verf.

108 ebd.. Übersetzung v. d. Verf.

109 Tekben, S.: a. a. O., S. 55

nach Läusen zu untersuchen. Diese Methode verfehlte ihre Wirkung nicht.[110]

Mit unterschiedlichen Methoden und Maßnahmen wurden fast in allen Instituten zeit- und kraftaufwendige Kampagnen durchgeführt bis die sozialen und hygienischen Probleme von Schülern und Lehrern angegangen und gelöst werden konnten.

Die Dorfinstitute auf dem Weg zum Höhepunkt ihrer Entwicklung

Erziehung und Bildung in den Dorfinstituten

Noch bevor die Dorfinstitute gegründet waren, hatte Tonguç als erziehungs- und bildungsspezifisches Gesetz die Parole formuliert, daß jede Kenntnis in der Arbeit erworben werden mußte. Wenn Wissen keine Kumulation von toten Kenntnissen, sondern jederzeit anwendbar sein sollte, mußte aber auch die Verflechtung von Theorie und Praxis als einzig gültige Methode die Basis jedweden Handelns in den Instituten darstellen.[111] Hinsichtlich des Verfahrens jedoch, das geeignet war, um die Einheit zwischen Theorie und Praxis herzustellen, erteilte Tonguç keine Weisungen.

Zur Entwicklung von Erziehungs- und Bildungsprogrammen
Die Entwicklung von Erziehungs- und Bildungsprogrammen wurde bis 1943 den Instituten selbst überlassen. Dieser Weg erscheint verständlich, da die Institute nicht nur in der Türkei, sondern weltweit einmalige Einrichtungen waren. Folglich lagen weder Erziehungs- noch Bildungsprogramme vor, die den Organisations- und Funktionsstrukturen der Dorfinstitute entsprochen hätten. Andererseits waren die Institute selbst in der Türkei in Gegenden situiert worden, die sich voneinander im Hinblick auf ihre arbeits- und umweltbedingten Besonderheiten unterschieden. Wenn sich die

---

110 Balkır, S. E.: Dipten Gelen Ses, a. a. O., S. 140
111 Tonguç, İ. H.: İş ve Meslek Terbiyesi, a. a. O.

Strukturen der Institute an den sie umgebenden Realitäten orientieren sollten, mußten vorerst die Besonderheiten der jeweiligen Umgebung erforscht werden, bevor irgendein erziehungs- oder bildungsrelevantes Programm vorgelegt werden konnte.

Dementsprechend erfolgte in jedem Institut die Erstellung der Erziehungs- und Bildungsprogramme sowie die Aufstellung der Arbeitspläne über sämtliche anfallende Arbeiten unter Berücksichtigung der Lebensbedingungen der jeweiligen Umgebung. Da die Vermittlung von Kenntnissen über Landwirtschaft sowie Tierzucht im Unterrichtsplan jedes Instituts stets eine besondere Rolle zu spielen hatte, war man zugleich gezwungen, auch die klimatischen Gesetzmäßigkeiten der jeweiligen Gegend mit einzubeziehen. So mußten für jede Jahreszeit unterschiedliche Programme erstellt werden. Dabei wurden in jedem Institut unterschiedliche Methoden angewandt. Während einige Institute täglich neue Stundenpläne aufstellten, zogen es andere am Anfang vor, den Unterricht wöchentlich zu planen. Welche Methode auch angewandt wurde, erforderte doch jedes zu berücksichtigende Thema intensive Diskussionen. Gedikoğlu schreibt hierzu, daß man in der Anfangsphase bis in die Nächte hinein über Programmen und Plänen saß, an denen immer wieder Änderungen und Ergänzungen vorgenommen werden mußten. Nicht zuletzt, weil man bei alledem gleichzeitig die Interessen und den Kenntnisstand der Schüler, aber auch ihre zukünftigen Arbeitsbedingungen beachten mußte.[112] Und dennoch reichte es nicht aus, allein Unterricht und Arbeit zu planen. Ein wichtiges Problem stellte dabei die Frage dar, wie Beziehungen zwischen den verschiedenen Unterrichtsfächern herzustellen waren. Die Fächer mußten aufeinander aufbauen und einander ergänzen. Im Laufe der Zeit löste man das Problem, indem zum Beispiel landwirtschaftliche Fächer und Arbeiten mit Naturkunde, technische Fächer und Arbeiten mit Mathematik und Physik koordiniert wurden. Gemeinsam war allen erstellten Programmen ihr dynamischer Charakter, der erforderliche Änderungen jederzeit zuließ.

---

112 Gedikoğlu, Ş.: a. a. O., S. 85 f.

Folgender in den Anfangsjahren entstandener Stundenplan des Kızılçullu Dorfinstituts zeigt, wie die Fächer und Arbeiten strukturiert und durchgeführt wurden.[113]

Fächer	Schuljahre				

A. Allgemeine Fächer

Fach	1.	2.	3.	4.	5.
Türkisch, Geschichte, Mathematik	1.	2.	3.	4.	5.
Erdkunde	1.	2.	3.	4.	
Gesellschaftskunde				4.	5.
Physik		2.	3.	4.	5.
Chemie			3.	4.	5.
Genossenschaftswesen				4.	5.
Kunst	1.	2.	3.		
Musik	1.	2.	3.	4.	5.
Leibesübung und Folklore	1.	2.	3.	4.	5.
Allgemeine Psychologie				4.	
Gesundheitskunde				4.	
Kinderpsychologie					5.
Pädagogik				4.	5.
Geschichte der Pädagogik					5.
Soziologie					5.
Didaktik und Methodik					5.
Schreiben/Schrift		2.	3.		
Maschine und Motor		2.			5.
Fremdsprache	1.	2.	3.	4.	

113 Stundenplan des Kızılçullu Dorfinstituts. In: Soysal, E.: Kızılçullu Köy Enstitüsü Sistemi, o. O., 1943. Übersetzung v. d. Verf.

Fächer	Schuljahre				
B. Landwirtschaftliche Fächer und Arbeit					
Feldwirtschaft	1.	2.			
Gemüsewirtschaft	1.			4.	
Holzarbeit	1.			4.	
Zoologie	1.				
Imkerei	1.		3.		
Seidenraupenzucht	1.				
Landwirtschaftswerkzeuge		2.			
Hühnerzucht		2.			
Weinbau					5.
Pflanzenkunde					5.
Verwaltungsarbeit in der Landwirtschaft				4.	
C. Handwerkliche Fächer und Arbeit					
Schmieden	1.	2.	3.	4.	5.
Tischlerei	1.	2.	3.	4.	5.
Mauern und Bauarbeiten	1.	2.	3.	4.	5.
Fotografie	1.	2.			5.
Praktisches Wissen	1.				
Nähen	1.	2.	3.	4.	5.
Kinderpflege			3.	4.	
Teppichknüpferei und Webkunst	1.	2.	3.	4.	5.
Stickerei	1.	2.	3.	4.	

Der dargestellte Stundenplan dient lediglich als Beispiel, da sein Inhalt nicht identisch war mit dem, was in anderen Instituten durchgeführt wurde. Dennoch stand er repräsentativ für das Bemühen, dem Anliegen der Dorfinstitute als lebensnahe Bildungs- und Erziehungsstätten gerecht zu werden. Bereits in der Wahl ihrer Standorte zeigte sich das Anliegen der Institute, ihre Strukturen primär an den regionsspezifischen Besonderheiten des ländlichen Lebens zu orientieren. Und indem man den Unterricht vorrangig an den ländlichen Bedürfnissen orientierte, entsprach man dem Ziel, Lehrer und Handwerker auszubilden, die imstande sein mußten, eben auf jene Bedürfnisse einzugehen. Andererseits kam hinzu, daß man in den Instituten zwar Kräfte im Hinblick auf die Bedürfnisse des ländlichen Raumes ausbildete, aber hierfür Schüler eigens und ausschließlich aus den Reihen der ländlichen Bevölkerung rekrutierte. Die Dorfinstitute strebten ihrem pädagogischen Anliegen zufolge, in ihrer Art als Erziehungs- und Bildungsstätten nach dem Prädikat, lebensnah zu sein. Daher mußten sie freilich den Unterricht, da er vor allem einen pädagogisch wirksamen Schwerpunkt des Alltags bedeutete, vorrangig an Fächern orientieren, die den Lebensumständen der Schüler Rechnung trugen.

Man beschränkte sich jedoch im Unterrichtsprogramm nicht nur auf landwirtschaftliche und technische Fächer, sondern gewährte auch allgemeinen Fächern, wie sie im Stundenplan des Kızılçullu Instituts enthalten sind, einen großen Anteil. Dies macht gleichsam deutlich, daß ein emanzipatorisches Erziehungs- und Bildungsverständnis in seiner praktischen Umsetzung zugleich Erfahrungsgehalte implizieren muß, die es dem Menschen ermöglichen können, über die Grenzen des subjektiven Erlebens hinauszugehen. Damit zusammen wird es noch am Beispiel der Durchführung von Unterrichtsfächern zu zeigen sein, mit Hilfe welcher Inhalte und Methoden der Unterricht gestaltet wurde, die, um es vorwegzunehmen, die Behauptung rechtfertigen, daß man bestrebt war, die Schüler für das Leben zu erziehen und nicht für lebensfremde Zwecke und Ziele abzurichten.

Allerdings erwachsen aus der Bezeichnung der Institute als lebensnahe Erziehungs- und Bildungsstätten auch eine komplexe Zahl von Anforderungen, denen die entsprechende Gestaltung des Unterrichts nicht allein gerecht werden konnte. Dies um so mehr, da die Charakteristiken der Erziehungs- und Bildungsauffassung zwar dem Unterrichtsprogramm als Orientierungsrahmen dienten, ihre Bedeutung und Wirksamkeit aber erst im Zusammenspiel mit den Anforderungen des Alltags ganzheitlich herausbilden können. Der Aspekt der alltäglichen Abläufe und Interaktionsmechanismen ist vor dem Hintergrund des Internatscharakters der Institute von besonderer Bedeutung, da er ein Zusammenkommen von Menschen mit unterschiedlichem Alter und Erfahrungshintergrund nicht nur auf bestimmte Zeiten des Tages reduzierte, sondern ein Zusammensein rund um die Uhr erforderte. Daher wird verständlicher, daß es im Falle der Dorfinstitute nicht genügen konnte, lediglich die Anforderungen der verschiedenen Bereiche des ländlichen Lebens durch dementsprechend ausgerichtete Curricula zu berücksichtigen; sie mußten gleichzeitig versuchen, den Schülern auch außerhalb des Unterrichts Werte zu erschließen, die ihr Leben vielseitig bereichern könnten. Dies wiederum erforderte eine Organisation des Alltags, die ein ausgeglichenes Erleben und Reflektieren ermöglichte, damit durch alles zusammen auch der Erfolg der pädagogischen Maßnahmen des Unterrichts gesichert werden konnte. Entsprechend erscheint es naheliegend, einen Einblick über die Strukturen des Alltags zu vermitteln, die einerseits die Gestaltung des Unterrichts mitprägen und andererseits eine Grundlage von Motivation gegenüber dem Unterricht bedeuten konnten.

Organisation und Ablauf täglicher Aktivitäten[114]
Der Tag in den Instituten begann mit dem Aufstehen derjenigen Schüler und ihrer Betreuer, die für Arbeiten in den Bäckereien abwechselnd eingeteilt waren. An den Tagen, an denen sie ausschließlich für diesen Aufgabenbereich verantwortlich waren, war es selbstverständlich, daß sie von allen anderen Pflichten entbunden wurden. Danach folgten mit dem Aufstehen jene Schüler, deren Aufgabenbereiche die Arbeiten in der Küche, im Eßsaal sowie in den Vorratsräumen betrafen.
Für alle anderen Schüler begann der Tag in den Instituten stets mit einem Glockenläuten um 6 Uhr. Beinahe militärisch diszipliniert,

---

114 Auf die Frage, welche Abläufe den Alltag in den Instituten kennzeichneten, lassen sich aus der Literatur, in der dieses Thema im übrigen nur am Rande behandelt wird, zum Teil recht unterschiedliche Darstellungen entnehmen. Die voneinander abweichenden Routinen und Mechanismen alltäglicher Abläufe sind jedoch weniger als Auswirkung der regionsspezifischen Unterschiede zu interpretieren. Vielmehr sind sie als Ergebnis unterschiedlicher Wahrnehmungen der einzelnen Autoren zu verstehen, da man diesem Thema in Form von Tagebuchaufzeichnungen nachträglich und häufig nur nebenbei nachgegangen ist. So werde ich versuchen, auch unter Zuhilfenahme der diesbezüglichen Gesprächsnotizen mit ehemaligen Schülern, besonders jene Merkmale der alltäglichen Abläufe in den Instituten hervorzuheben, die Aufschluß über eine Gemeinsamkeit von Alltagsstrukturen geben. Die Frage der zeitlichen Abfolge wird zwar berücksichtigt werden, sie ist jedoch in bezug auf ihre Präzisierung von untergeordneter Bedeutung.

mußte man sich innerhalb von maximal 25 Minuten gewaschen und gekleidet sowie die Betten gemacht haben. Bald darauf erklang das zweite Glockenläuten zur frühgymnastischen Versammlung auf dem Hof, an der Lehrer und Schüler teilnehmen mußten, und zwar ungeachtet der Jahreszeit.[115] Selbst in den Rundschreiben des Erziehungsministeriums an die Institute wurde immer wieder ausdrücklich verlangt, daß man den Arbeitstag für alle mit einer Frühgymnastik zu beginnen habe, die nicht weniger als 15 und nicht länger als 30 Minuten dauern sollte.[116] Aber in den meisten Instituten, erzählten ehemalige Schüler, fanden anstelle gymnastischer Übungen folkloristische Tänze der Umgebung statt, die von einigen Schülern, die bereits auf einem Musikinstrument spielen konnten, mit passenden Klängen begleitet wurden. Diese gemeinsamen morgendlichen Übungen, ob gymnastisch oder folkloristisch, waren sicher auch als geeignetes Mittel gedacht, um das Gemeinschaftsgefühl unter den Schülern, aber auch zwischen Lehrern und Schülern zu festigen. Es kam gelegentlich auch vor, daß man diese Anlässe mit verschiedenen aktuellen Bauarbeiten der Institute verband, so daß zum Beispiel alle singend, Steine trugen.[117]

Anschließend ging man zusammen zum Frühstück, das, wie andere Mahlzeiten auch, zumeist den Eßgewohnheiten der jeweiligen Region entsprach. Nach dem Frühstück war es üblich, die Schüler ohne Tagesdienste für freie Gestaltungszwecke ungefähr eine Stunde zu suspendieren. Hingegen gingen die Schüler mit Tagesdiensten, wie zum Beispiel Reinigung von Schlaf- und Klassenräumen, ihren Arbeiten nach. Sämtliche Arbeiten, einschließlich des Unterrichts basierten in den Instituten auf dem Prinzip der rotierenden Gruppenarbeit. Für jede Gruppe wurde von den Schülern selbst ein Leiter gewählt. Diese Regelung galt auch für die genannten Tagesdienste, deren Kontrolle von den Gruppenleitern organisiert wurde.

Nach einem kurzen Bericht über die Erledigung der morgendlichen Tagesdienste an das Aufsichtsgremium, in dem Lehrer und Schüler

---

115 İnan, M. R.: a. a. O., S. 59 f.

116 In: Gedikoğlu, Ş.: a. a. O., S. 78

117 Tekben, S.: a. a. O., S. 66

gleichwertig vertreten waren, wurden von den Gruppenleitern die Schüler nach Ablauf der Stunde zusammengerufen. Bevor man jedoch die eigentliche Tagesarbeit, den Unterricht in Klassenräumen, Gärtnereien oder Werkstätten, aufnahm, wurden wiederum gemeinsam 3 bis 4 Märsche gesungen. Es läßt sich nicht leugnen, daß die Wirkung dieser Märsche, so wie sie mir ihrer Inhalte nach bekannt sind, insbesondere im Aufpeitschen von patriotischen Gefühlen besteht. Sicher trugen sie damit auch zur Festigung der Arbeitsbereitschaft bei.

Das Arbeitsprogramm des Vormittags dauerte im allgemeinen 3 bis 4 Stunden. Da für die Festlegung der täglichen Arbeiten die jahreszeitlichen Gegebenheiten, aber auch die variierenden Erfordernisse der Institute selbst maßgebend waren, war es selbstverständlich, daß die Kontinuität einer begonnenen Arbeit unter Umständen von einem zum anderen Tag unterbrochen werden mußte. Ungeachtet der flexiblen Handhabung von Arbeitsprogrammen, wurden jedoch an den ihnen zugrundeliegenden Arbeitsplänen derart spontane Veränderungen kaum vorgenommen, obgleich sie sich von Institut zu Institut durchaus unterscheiden konnten. Die praktizierten Arbeitspläne jedes Instituts variierten nach einem Halbtags-, Ganztags- oder Wochensystem. Hierzu seien folgende Beispiele gegeben:[118]

- Halbtagssystem: Während die Hälfte der Gruppen an den Vormittagen an kulturellen Fächern teilnahmen, absolvierten andere Gruppen technische oder landwirtschaftliche Fächer. An den Nachmittagen wurde ein umgekehrtes Verfahren angewandt.
- Ganztagssystem: Während die Hälfte aller Gruppen den ganzen Tag kulturellen Unterricht hatten, erhielt eine Hälfte der übriggebliebenen Schüler technischen und die andere Hälfte landwirtschaftlichen Unterricht.
- Wochensystem: Während 50 % aller Gruppen Unterricht in kulturellen Fächern hatten, wurden 25 % der restlichen Schüler in technischen und 25 % in landwirtschaftlichen Fächern unterrichtet.

---

118 In: Balkır, S. E.: Dipten Gelen Ses, a. a. O., S. 347 f.

Die Arbeit wurde nach einem Mittagessen und anschließender Pause am Nachmittag fortgesetzt und dauerte wiederum 3 bis 4 Stunden. Währenddessen hatte jedes Institut freilich auch eine Reihe von Arbeiten und Aufgaben, die zum Teil unvorhergesehen anfielen, aber dennoch planmäßig einkalkuliert werden mußten. Sie betrafen zumeist administrative Arbeiten. Derartige Fragen wurden in jedem Institut unterschiedlich gehandhabt. Da man dem reibungslosen Ablauf des Unterrichtsprogramms Priorität einräumte, wurden in den meisten Instituten üblicherweise wiederum Schülergruppen gebildet, die solchen Aufgaben in der 'Freizeit' nachgehen mußten. Oft ließ es sich nicht vermeiden, einzelne Schüler mit der Erledigung von unvorhergesehenen Arbeiten, wie zum Beispiel Botengängen, Empfang von Warenlieferungen u. ä. auch in der Unterrichtszeit zu beauftragen. Von ihnen wurde allerdings erwartet, daß sie die versäumten Unterrichtsstunden nachholten.

Wie man sieht, waren die Funktionsmechanismen nicht durchgehend so strukturiert, daß Nachteile in bezug auf einen reibungslosen und damit kontinuierlichen Ablauf der Arbeiten ausgeschlossen werden konnten. Nichtsdestotrotz geben auch sie Aufschluß über das Bemühen, die Schüler in die Verantwortung ausführender Arbeiten im Sinne einer gleichwertigen Arbeitsteilung einzubeziehen.

Daß der Alltag in den Instituten primär durch intensive Arbeit gekennzeichnet war, wird zugleich aus den bisher geschilderten Abläufen deutlich. Nunmehr stellt sich die Frage nach der Freizeit, die auch im Alltag der Institute durchaus zu ihrem Recht kam. Allerdings muß an dieser Stelle das Wort Freizeit aufgrund seiner spezifischen Bedeutung in den Instituten etwas präzisiert werden: Freizeit im Sinne der umgangssprachlichen Verwendung des Wortes, die allzu oft zur Annahme führt, Freizeit sei etwa gleichzusetzen mit nach individueller Lust und Laune gestaltbarer Zeit, war den Instituten tatsächlich fremd. Die Freizeit im Alltag der Institute, betonten ehemalige Schüler, wurde nach gemeinsamen Absprachen ausgefüllt mit Gruppenaktivitäten, die letztlich eine Einheit mit den Lernzwecken des Unterrichts bildeten. Es waren vornehmlich Aktivitäten wie Lesen, Sport- und Musikübungen sowie Vorbereitung von Theateraufführungen, die hauptsächlich morgens und nachmittags vor Unterrichtsbeginn stattfanden. Nach den Unterrichtsstunden des Nachmittags setzten sich die Schüler bis zum Abendessen in Gruppen zusammen, um sich vornehmlich dem Lesen zu widmen und anschließend darüber zu diskutieren, was sie gelesen hatten. Im Anschluß an das Abendessen wurde die Zeit bis zum Zubettgehen zumeist ausgefüllt mit Lernen für den Unterricht.

Das Programm eines Wochentags endete spätestens um 22.00 Uhr. Mit dem Läuten der Glocke zum Beginn der Nachtruhe gingen außer den Schülern und Lehrern mit nächtlichem Wachtdienst alle zu Bett. Die Arbeitswoche in den Instituten endete sonnabends gegen Mittag mit einer Zeremonie, die in allen Schulen des Landes obligatorisch war bzw. immer noch ist. Hierzu versammelten sich alle auf dem Hof und sangen vor der gehißten türkischen Flagge die Nationalhymne. Bevor die verschiedenen Arbeitsgruppen ihre Pflichten für die kommende Woche neuen Gruppen übergaben, fand im Anschluß an die Zeremonie eine Reinigungsaktion des gesamten Institutsgeländes statt, die meistens derart gewissenhaft erfolgte, daß Beanstandungen kaum notwendig waren.

Die Wochenendaktivitäten, die in jedem Institut mit besonderer Sorgfalt geplant und durchgeführt wurden, bezeugen, welche große Bedeutung ihnen als Abwechslung zum arbeitsintensiven Alltag zugesprochen wurde. Sie waren schon durch die Entfernung der Institute von urbanen Zentren notwendig, die es den Schülern kaum möglich machte, in den Städten nach Abwechslung zu suchen.

Andererseits muß man annehmen, daß es wohl im Interesse der Institutsleitungen war, die Schüler anstelle des passiven Konsumierens durch die bewußte Gestaltung von Unterhaltungsmomenten mit dem gemeinschaftsstiftenden Charakter von Unterhaltung vertraut zu machen.

Im Rahmen der allgemeinen Wochenendveranstaltung, an der die Teilnahme aller Institutsbewohner obligatorisch war, wurde von den Schülern selbst ein abwechslungsreiches Unterhaltungsprogramm zusammengestellt. Zu diesen Veranstaltungen, die meistens sonnabends gegen Abend begannen und bis in die Nacht andauerten, wurden auch die Dorfbewohner aus der Umgebung eingeladen. Es war üblich, die Veranstaltung mit einer kurzen Rede des

Institutsleiters über die Vorkommnisse der vergangenen Tage zu eröffnen. Sodann fand eine alle Anwesenden einbeziehende Diskussion statt. Dabei wurde über Handlungen, Ereignisse und Abläufe in den Instituten offen und kritisch reflektiert, was zweifellos dazu beitrug, die Redehemmungen der Schüler vor Gruppen abzubauen. Überdies waren diese Anlässe geeignet, den Schülern ohne Furcht vor Konsequenzen die Fähigkeit des kritischen Umgangs auch mit ihren Lehrern beizubringen. Und indem man sich im Anschluß gemeinsam vergnügte, konnten sie darüber hinaus lernen, daß durch Kritik der gegenseitige Respekt nicht zu leiden brauchte.

Man vergnügte sich, indem zum Beispiel die von den Schülern aus ihren Herkunftsregionen gesammelten Geschichten, Witze und Märchen von ihnen selbst vorgetragen und ihre Volkslieder gemeinsam gesungen wurden. Neben folkloristischen Darbietungen sah das Unterhaltungsprogramm zuweilen auch Theaterprogramme vor, die von den Schülern manchmal unter Mitwirkung von Bauern aus Nachbardörfern aufgeführt wurden.[119]

Auch die Sonntage vergingen nicht weniger planvoll, da man sie entweder mit sportlichen Wettkämpfen zwischen den Gruppen oder mit gemeinsamen Ausflügen in die Umgebung verbrachte.

Die Dorfinstitute unterschieden sich von den herkömmlichen Schulen nicht nur im Hinblick auf die Gestaltung ihrer Arbeitsprogramme, sondern auch in der Regelung der Ferien. Während in allen anderen Schulen mit dem Beginn der Ferienzeit das Arbeitsprogramm endete, blieben die Institute das ganze Jahr hindurch tätig. Die Schüler verbrachten ihre Ferien, die ungefähr 6 Wochen betrugen, zumeist im Frühjahr oder im Sommer in einander abwechselnden Gruppen. Aber auch während der Ferien hatten sie Aufgaben zu erledigen. So wurde von ihnen erwartet, daß sie zum Beispiel die sozialen und kulturellen Strukturen in ihren Heimatdörfern erforschten oder Stein- und Bodenproben zur Verwendung im Unterricht mitbrachten. Es konnte geschehen, daß Schüler während ihrer Ferien im Institut auftauchten, um Geräte oder Medikamente zu holen, die sie bei Arbeiten in ihren Dörfern benötigten. So wäre anzumerken, daß

---

119 Makal, M.: Köy Enstitüleri ve Ötesi, a. a. O., S. 47

die Ausbildung in den Instituten tatsächlich zu keinem Zeitpunkt ernsthaft unterbrochen wurde.

Zum Bildungsprogramm für die Dorfinstitute
Nach den ersten fünf Jahren, die auch als Versuchszeit bezeichnet wurden, leitete jedes Institut seine Arbeits- und Unterrichtsprogramme an das Erziehungsministerium weiter. Auf der Grundlage der in den Instituten gesammelten Erfahrungen wurde vom Erziehungsministerium am 4. 5. 1943 erstmals ein Bildungsprogramm für die Dorfinstitute verabschiedet.[120]

Das Bildungsprogramm enthielt neben Zielvorgaben zu einigen Unterrichtsfächern Angaben zu künftigen Stundenzahlen der Fächer sowie zu Ferienregelungen.

Die Unterrichtsfächer wurden unter den folgenden drei Schwerpunkten zusammengefaßt:

- Kulturelle Fächer (sozial- und literaturkundlich)
- Landwirtschaftliche Fächer (theoretisch und praktisch)
- Technische Fächer (theoretisch und praktisch).

Im Rahmen der fünfjährigen Ausbildungszeit sah das Programm für die genannten Schwerpunkte die nachstehende Verteilung in Wochen vor.[121]

F ä c h e r	W o c h e n
Kulturelle Fächer	114
Landwirtschaftliche Fächer	58
Technische Fächer	58
Ferien in fünf Jahren	30
Insgesamt	260

---

120 Köy Enstitüleri Öğretim Programı, Maarif Vekaleti, Ankara 1943

121 ebd.

Aus diesen Zahlen ist folgendes Ergebnis abzuleiten:

- das Schuljahr eines Dorfinstituts dauerte 10,5 Monate;
- während eines Schuljahres entfiel auf kulturelle Fächer 50 % der Zeit, auf landwirtschaftliche und technische Fächer je 25 %;
- die Ferien für ein Schuljahr betrugen 6 Wochen.

Da im Bildungsprogramm bezüglich der Arbeitspläne keine starren Weisungen erteilt wurden, bedeutete seine Verabschiedung keinen Abbau von Freiräumen, die zuvor den Instituten bei der Gestaltung ihrer Erziehung und Bildung gewährt worden waren. Ähnlich dem Verfahren der vorangegangenen Phase war es daher weiterhin möglich, die wöchentlichen, monatlichen und jahreszeitlichen Arbeitspläne

„... entsprechend den Besonderheiten jedes Instituts, dem Kenntnisniveau der Schüler und ihrer Zahl sowie den Fähigkeiten des Lehrpersonals ..."[122]

vorzubereiten.

Lediglich bei dringend anfallenden Arbeiten, wie etwa der Bau von Gebäuden, Straßen, Brücken u. ä. mußte die notwendige Zahl von Schülern und Lehrern hierfür zur Verfügung gestellt werden. Da in derartigen Fällen der Unterricht mehrere Wochen ausfallen konnte, wurde verlangt, daß für die betroffenen Schüler in den folgenden Arbeitsprogrammen zusätzlicher Unterricht zu planen sei, damit das Versäumte nachgeholt werden konnte.

Durchführung der Unterrichtsfächer

Eine zentrale Forderung des Bildungsprogramms war, daß die konkreten, aus dem Alltag resultierenden Erfordernisse der Schüler für die Gestaltung von Erziehung und Bildung stets als Orientierungsrahmen maßgebend sein mußten. Hierin sah man eine wichtige pädagogische Prämisse, durch die ermöglicht werden konnte, daß das Interesse bzw. die Aufmerksamkeit der Schüler kontinuierlich aufrechterhalten blieb. Folglich konnte es auch nicht das Ziel sein, Wissen zu vermitteln, das nicht an einen praktischen Nutzen

---

122 ebd.. Übersetzung v. d. Verf.

gekoppelt war. Damit wurde zugleich sichergestellt, daß die Realität, von der die Schüler umgeben waren, die wesentliche Quelle sein mußte, aus der Themen für den jeweiligen Unterricht zu schöpfen waren. Denn Auseinandersetzungen mit Themen, die kaum Bezug zu den Lebensbedingungen und -besonderheiten der Schüler hatten, nützten weder zum Verständnis existierender Gegebenheiten, noch boten sie Hilfe für eine Veränderung.

Als Basis eines emanzipatorischen Bildungsverständnisses legte das Programm Wert auf die Verflechtung von geistigen und praktischen Anstrengungen. Und es mußten Bildungsstile entwickelt werden, die die Schüler verstärkt zu selbständigem Denken und Handeln motivierten. Jedes Wissen, das vermittelt und erworben wurde, sollte den Geist zwar bereichern, aber in erster Linie dem Ziel dienen, einen fortschrittlichen Menschentypus zu kreieren. Hierzu gehörte zweifelsohne die Fähigkeit, die Grenzen des Vorhandenen durch eigenständige Problemlösungen zu überwinden. Es mußten also anstelle von fertigen Kenntnissen Techniken vermittelt und Freiräume geschaffen werden, die die Schüler zum Entdecken und Erforschen anspornten und sie anregten, Neues an die Stelle des Alten zu setzen. So lag es auf der Hand, daß frontale Unterrichtsstile und Lerntechniken entschieden zu vermeiden waren, die die Schüler allzu leicht zu passiven Empfängern von aufgesetztem Wissen machten und andererseits kaum Möglichkeit boten, um ein gleichberechtigtes Verhältnis zwischen Schülern und Lehrern aufzubauen.

So wird gleichzeitig der Charakter des Programms deutlich, in dem zwar die fachlichen Schwerpunkte mit den jeweiligen Unterrichtsfächern angegeben waren, aber die Wahl der dazugehörigen Themen den Instituten selbst überlassen wurde. Auch die Entwicklung geeigneter Unterrichtsmethoden wurde weitgehend den Instituten überlassen.

Kulturelle Fächer

Mit einem Anteil von 50 % an der gesamten Unterrichtszeit bildeten die kulturellen Fächer einen deutlichen Schwerpunkt im Unterrichtsprogramm. Nach der im Bildungsprogramm vorgenommenen Vereinheitlichung der Unterrichtsfächer und der Wochenstunden

wurde den kulturellen Fächern aller Institute folgende Tabelle als
Raster zugrundegelegt.[123]

Fächer	Schuljahre				
	I.	II.	III.	IV.	V.
	Wochenstunden				
Türkisch	4	3	3	3	3
Geschichte	2	2	1	1	1
Erdkunde	2	2	1	1	-
Gesellschaftskunde	-	1	1	-	-
Mathematik	4	2	2	3	2
Physik	-	2	2	1	1
Chemie	-	-	2	2	-
Natur- und Gesundheitskunde	2	2	2	1	1
Fremdsprache	2	2	2	2	1
Schrift	2	-	-	-	-
Malen und Werken	1	1	1	1	1
Leibesübung und Folklore	1	1	1	1	-
Musik	2	2	2	2	2
Militärischer Unterricht	-	2	2	2	2
Hauswirtschaft und Kinderpflege	-	-	-	-	1
Pädagogik	-	-	-	2	6
Genossenschaftswesen	-	-	-	-	1
Insgesamt	22	22	22	22	22

Die Durchführung der Unterrichtsfächer war im wesentlichen
von dem Ansatz geprägt, aktuellen Ereignissen sowie sozialen
Zusammenhängen und Erlebnissen aus der direkten Umwelt
Priorität einzuräumen. Deswegen bemühte man sich, den Unterricht
weitgehend unabhängig von Büchern, Tafel und Kreide zu gestalten
und sie lediglich als Hilfsmittel einzusetzen. Gegenstände aus der
Umgebung jedes Instituts zum Beispiel, die von historischem,
ethnologischem, geologischem u. ä. Wert waren, fanden ihren Eingang
in den Unterricht, indem sie der Reihe nach zu Themen verschiedener
Unterrichtsfächer wurden. Folgende Beispiele aus dem Türkisch-,

---

123 Köy Enstitüleri Öğretim Programı, Maarif Vekaleti, a. a. O.. Übersetzung v. d. Verf.

Physik- und Pädagogikunterricht veranschaulichen in repräsentativer Weise, wie der direkte Umweltbezug im Unterricht hergestellt wurde.

Türkischunterricht:
Eines der wichtigsten Fächer im Unterrichtsplan der Institute war das Fach Türkisch. Seine vorrangige Behandlung hing nicht zuletzt damit zusammen, daß Türkisch, wie kaum ein anderes Fach, in unmittelbarer Verbindung mit allen anderen Tätigkeits- und Aufgabenfeldern stand. Das bildungsspezifische Vorhaben, sämtliche Tätigkeiten in einen fächerübergreifenden, ganzheitlichen Sinnzusammenhang einzubetten, setzte zweifelsohne sprachliche Auseinandersetzung voraus. Dies wiederum machte einen fließenden Umgang mit der türkischen Sprache als Mittel der Kommunikation unentbehrlich.

Hinzu kam, daß selbst das Bildungsprogramm dem Fach Türkisch eine Vorrangstellung einräumte, indem es das Ziel des Türkischunterrichts vor allen anderen Fächern ausführlich festlegte. Aufbauend auf dem zentralen Gedanken, daß sich das Fach Türkisch auf eine besondere Weise zur Entwicklung der Persönlichkeit eigne, wurde im wesentlichen verlangt, daß die Schüler bis zum Abschluß ihrer Ausbildung in den Instituten befähigt sein sollten,

„.. ihren Altersstufen entsprechende Texte zu verstehen und zu analysieren, ihre eigenen Wünsche und Gedanken frei von Rechtschreib- und Grammatikfehlern zu artikulieren, die beim Lesen und/oder Verfassen von Texten auftretenden Schwierigkeiten selbst zu überwinden und dem Lesen und Schreiben als selbstverständliche Beschäftigungsformen in ihrem Alltag nachzugehen ... " [124]

Daß Teile dieser Zielvorstellungen im Falle der meisten Schüler weitgehend erreicht wurden, belegt zumindest die Tatsache, die mir ebenfalls Absolventen in unseren Gesprächen nicht ohne Stolz berichteten, daß es kaum Schüler gegeben habe, die nicht geschrieben oder gedichtet hätten. Diese Beschäftigungsformen seien ihnen bis heute Gewohnheit geblieben, die ihnen helfe, die Probleme des Alltags zu bewältigen. Als Erfolg des Türkischunterrichts muß auch die „neue" literarische Schule in der Türkei erwähnt werden, deren

---

124 Köy Enstitüleri Öğretim Programı, Maarif Vekaleti, a. a. O.. Übersetzung v. d. Verf.

Vertreter – Absolventen der Institute – nicht nur die sogenannte „Dorfliteratur" kreierten, sondern auch aufgrund ihrer realistischen Auseinandersetzung mit dem Dorfleben in Anatolien der türkischen Literatur zu Weltruhm verholfen haben.

Um jedoch die Fortschritte auf dem Gebiet der Sprache und ihrer Anwendung seitens der Schüler hinreichend würdigen zu können, erscheint es angebracht, vor dem Hintergrund des zitierten Ziels auch die sprachlichen Probleme der Schüler kurz zu erwähnen, mit denen das Lehrpersonal in den Anfängen der Ausbildunszeit konfrontiert wurde. Hierzu erinnert sich Güner:

„.. ihr Wortschatz war spärlich. Unsere Fragen beantworteten sie nur mit einer Kopfbewegung. Oft standen wir kurz vor der Verzweiflung ..." [125]

Die Unfähigkeit der Schüler, Antworten auf gestellte Fragen zu formulieren, war sicher nicht allein bedingt durch ihren mangelnden Wortschatz. Sie mußte zugleich als Ausdruck ihrer Hemmungen und Schüchternheit gegenüber Erwachsenen und/oder Fremden verstanden werden, die das eindeutige Ergebnis autoritärer Umgangsformen als gängige Erziehungsstile innerhalb feudaler Lebensstrukturen im ländlichen Anatolien waren.

Daneben gab es im Sprachverhalten der Schüler unterschiedliche Dialekte, durch die die unmittelbare sprachliche Verständigung ebenfalls erschwert wurde. Daraus ergab sich als weitere Aufgabe für die Institute die Adaption von Aufbaustrukturen und Regeln der türkischen Sprache an die regionalen sprachlichen Besonderheiten, ohne jedoch diese ihrer Originalität zu entfremden. So lag es auf der Hand, daß mit den Methoden des traditionellen Türkischunterrichts keine Erfolge erzielt werden konnten, die es weniger auf ein eigenständiges und selbstbewußtes Sprachvermögen der Schüler anlegten, als primär auf ein mechanisches Rezitieren von vorgegebenen Texten. Vielmehr hing die Erreichung des im Fach Türkisch gesetzten Ziels von einem Lern- sowie Handlungsverständnis ab, das auch die Entfaltung sprachlicher Fähigkeiten in ihrer dialektischen Verschränkung mit souveränen Persönlichkeitsmerkmalen einerseits

---

125 Güner, I. S.: Köy Enstitüsü Hatıraları, o. O., 1963, S. 34. Übersetzung v. d. Verf.

und enthemmenden sozialen Strukturen andererseits als Bedingung implizierte. Hierzu gehörte auch, daß die Vermittlung der im Ziel angegebenen Fähigkeiten nicht allein als Aufgabe des Türkischunterrichts verstanden werden durfte, sondern einen Kontext interdisziplinärer Zusammenarbeit voraussetzte.

Da den Instituten im Fach Türkisch – wie in den meisten anderen Fächern auch – keine einheitlichen Unterrichtsinhalte und -methoden von seiten des Erziehungsministeriums vorgegeben waren, war jede Einrichtung auch auf diesem Gebiet auf sich selbst angewiesen. Daher ist es nur verständlich, daß die von den Instituten entwickelten Inhalte und Methoden jeweils den unterschiedlichen regionalen Besonderheiten der Sprache und sprachlichen Fähigkeiten ihrer Schüler entsprachen und folglich nicht identisch miteinander sein konnten. Ich werde deshalb im folgenden anhand vorliegender Modelle lediglich einige allgemeine Charakteristika des Türkischunterrichts zusammentragen, um so einen Einblick zu vermitteln.

Auch im Türkischunterricht war man bemüht, diesen von offiziellen Lehrbüchern unabhängig zu gestalten. Statt dessen wurden kurze Texte von literarischer und wissenschaftlicher Bedeutung verwendet. Für ihre Wahl waren neben dem Klassenniveau ihr inhaltlicher Bezug zu mindestens einem der übrigen Fächer wie auch zum sozialen Lebenshintergrund der Schüler maßgeblich. Hierdurch schuf man einen wichtigen Anreiz, durch den die Schüler zur kontinuierlichen Freude am Lesen angespornt werden konnten. Zugleich bedeutete sie auch eine kritische Abgrenzung zum traditionellen Türkischunterricht, in dem die Schüler mit Texten konfrontiert wurden, die wenig oder kaum die eigenen Alltagssituationen reflektierten.

Daß dem Aspekt der Freude am Lesen und Schreiben in allen Instituten besondere Aufmerksamkeit gewidmet wurde, ist auch daraus ersichtlich, daß in jedem Institut täglich freie Lesestunden stattfanden bzw. stattfinden mußten. Obgleich sie außerhalb der Unterrichtszeit abliefen, wurden sie als Ergänzung des Türkischunterrichts verstanden und hinsichtlich ihrer Gestaltung entsprechend koordiniert. Von den Lehrern wurde erwartet, daß sie aus den vom Erziehungsministerium zusammengestellten Bücherlisten unter Berücksichtigung der Lebensumstände der Schüler ihrem Alter und Kenntnisniveau entsprechende Bücher bestellten. Nicht nur die Schüler, sondern auch die Lehrer der Institute sollten laut Anordnung des Erziehungsministeriums mindestens 20 Bücher in einem Jahr gelesen haben.[126] Da das pädagogische Anliegen dabei nicht ein mechanisches Lesen war, sondern die verstandesmäßige Auseinandersetzung in den Vordergrund stellte und zugleich auf die Herausbildung geistiger Bedürfnisse abzielte, wurden die Schüler angehalten, eine kritische Zusammenfassung jedes gelesenen Buches anzufertigen. Auf diesem Wege konnte man sicherlich gleichzeitig feststellen, ob jeder Schüler diese Bücher auch tatsächlich gelesen hatte.

Wenngleich dieses Lesen primär durch erzwungene Maßnahmen motiviert wurde, gab es kaum einen Schüler, berichteten mir Absolventen, der sich nicht auf die freien Lesestunden gefreut hätte. Zum einen mag das mit dem Inhalt der sorgfältig ausgewählten Bücher zusammenhängen, die es den Schülern ermöglichten, einen Sinnzusammenhang zwischen ihren subjektiven Erlebnissen und dem Gelesenen herzustellen. Zum anderen trugen dazu sicher auch die für die gemeinsamen Lesestunden ausgesuchten Orte bei, die eine entspannte Atmosphäre herbeiführen konnten, wie zum Beispiel die Kantinen bei Kälte oder unter Bäumen in den wärmeren Jahreszeiten. Eng verflochten mit der Lesebereitschaft und der Reflexion über das Gelesene als Motivation zum selbständigen Schreiben und Dichten der Schüler war die freie Artikulation, die im Türkischunterricht ebenfalls einen besonderen Stellenwert bekam. Unter den für dieses Fach zuständigen Lehrern der Institute wurden regelmäßige landesweite Treffen organisiert, um gemeinsam nach geeigneten Methoden insbesondere zur Förderung des sprachlichen Ausdrucks der Schüler und zur angemessenen Korrektur von Fehlern zu suchen.[127]

Es wurde darauf geachtet, auch außerhalb des Türkischunterrichts den Schülern genügend Gelegenheit zur freien Artikulation ihrer Empfindungen und Gedanken einzuräumen. Dies geschah, indem die Schüler jedes Instituts zum Beispiel Zeitungen und Zeitschriften

---

126 Yalçın, O.: Köy Enstitülerinde Serbest Okuma. In: Tonguç'a Kitap, a. a. O., S. 296 - 299
127 Gedikoğlu, Ş.: a. a. O., S. 101 f.

publizierten, in denen ihre eigenen Texte und Gedichte veröffentlicht wurden. Nicht selten waren ihre Inhalte thematischer Gegenstand des Türkischunterrichts als auch anderer Unterrichtsfächer.[128]

Physikunterricht:
Die weit verbreitete Methode des traditionellen Physikunterrichts, Formeln ohne Vorstellung ihrer Praxisrelevanz bis zum Überdruß der Schüler auswendig lernen zu lassen, die nach den Prüfungen zumeist wieder aus dem Gedächtnis verschwinden, fand keine Verwendung im Unterricht der Institute. Dort setzte man sich mit Themen der Physik in unmittelbar praktischer Arbeit auseinander, indem zum Beispiel Lampenpfosten errichtet, Kabel installiert oder Dynamos in Betrieb genommen wurden. In den Werkstätten der Institute reparierten die Schüler Maschinen, arbeiteten mit Kreissäge und Bohrer und lernten durch Erfahrung, wie etwa der Grad der Geschwindigkeit mobilisiert wurde. Diese und andere Arbeiten der Schüler waren keineswegs Versuche, die nach vollbrachter Leistung und Benotung wieder auseinandermontiert wurden, um neuen Experimenten Platz zu machen.

Getragen von dem Leitsatz, daß praktische Arbeit auch praktischen Nutzen haben mußte, diente jede diesbezügliche Tätigkeit der Schüler zum Aufbau sowohl des Instituts als auch seiner Umgebung. Daß man so der Arbeit von Schülern einen praxisbezogenen Sinn gab, den sie selbst jeden Tag sehen konnten, diente nicht zuletzt dazu, sie zu selbstbewußten Menschen zu erziehen. Ehemalige Schüler der Institute erinnerten sich in unseren Gesprächen, daß sie vor Freude und Stolz über ihre Arbeit viele Nächte kaum schlafen konnten. Und je mehr sie lernten, um so mehr erkannten sie im Laufe der Zeit auch ohne autoritäre Verweise und Kritik von oben, wie sie einiges hätten besser machen können.

Auf diesem Wege wurden während des Physikunterrichts elektrische Systeme in den meisten Instituten von den Schülern selbst installiert und Defekte beseitigt. Dabei konnten sie einprägsam die nötigen Formeln für die Nutzung von Strom sowie seine Sicherheitsregeln lernen und verstehen.

---

128 Altunya, N.: a. a. O.

Pädagogikunterricht:

In den Dorfinstituten hatte für die angehenden Lehrer die Beschäftigung mit Themen der Pädagogik einen unzweifelhaft wichtigen Stellenwert. Im Rahmen des Pädagogikunterrichts wurden Disziplinen wie Soziologie, Kinderpsychologie, pädagogische Geschichte sowie Lern- und Lehrmethodik behandelt.

Von seiten des Erziehungsministeriums waren den Instituten für dieses Fach keine speziellen Bücher vorbereitet worden. Anders als im Türkischunterricht bildeten im Falle pädagogischen Unterrichts durchaus Fachbücher die theoretische Grundlage, die auch in anderen Lehrerschulen des Landes verwendet wurden. Man war jedoch bemüht, den Schülern einerseits die Beziehung zwischen den genannten Disziplinen zu verdeutlichen und andererseits auch in diesem Zusammenhang Unterrichtsmethoden einzusetzen, die dem Erziehungs- und Bildungsverständnis der Institute entsprachen. So wurde in den Unterricht zum Beispiel neben Gruppenarbeit als Ergänzung zur theoretischen Auseinandersetzung der Praxisbezug verstärkt integriert, indem die Schüler angehalten wurden, die relevanten Traditionen und Bräuche in ihren Dörfern zu erforschen und diese in Form von Berichten ihren Mitschülern zur gemeinsamen Analyse zugänglich zu machen. Bei der Wahl weiterer Beispiele im Unterricht, etwa zu Fragen der Erziehung oder sozialer Ereignisse, war ihr Bezug zu konkreten Tätigkeiten oder Geschehnissen aus dem Alltag in den Instituten entscheidend.

Freilich spielte auch im Kontext pädagogischer Fächer der praktische Unterrichtsteil als Vorbereitung der angehenden Lehrer auf ihre zukünftigen Arbeitsbedingungen eine bedeutende Rolle. Deshalb hatten die Institute ihre Gebäude so konzipiert, daß auf jedem Institutsgelände eine praktische Schule mit Laboreinrichtungen vorhanden war, in der die Schüler ihrem Alter und Klassenniveau entsprechende Experimente durchführen und Unterricht gestalten konnten. Zu ihrer Ausstattung gehörten u.a. ausreichende Flächen für Gärtnerei, Ställe, Scheunen sowie verschiedene Geräte, die für eine Gruppe von 15 bis 20 Schülern ausreichen. In den praktischen Schulen entsprachen sämtliche Themen und Arbeiten den Bedingungen der integrierten Dorfschulen, in denen alle Schuljahre gleichzeitig unterrichtet wurden. Für die Schüler der Abschlußklassen sah der Stundenplan die Arbeit in diesen Schulen als Pflicht vor.[129] Im praktischen Teil des Unterrichts begnügte man sich jedoch nicht allein mit Übungen in den institutsinternen praktischen Schulen. Insbesondere im letzten Ausbildungsjahr wurden den Schülern so oft wie möglich tägliche, wöchentliche oder zweiwöchentliche Besuche von externen Dorfschulen ermöglicht, wo sie ihre pädagogischen Kenntnisse praxisorientiert einbringen und erweitern konnten. Aus einer von Gedikoğlu zusammengestellten Liste habe ich im folgenden einige Punkte entnommen, die zeigen, wie die Besuche von Dorfschulen sowie ihre Auswahl vorbereitet und durchgeführt werden mußten, um den Erfolg sicherzustellen:

„– Die Dörfer sollten über typische Eigenschaften verfügen; (z. B. sollten sie integrierte Schulklassen innerhalb eines Klassenraumes haben. Anm. d. Verf.)
– Ein Grobplan über die anstehende praktische Arbeit sollte erstellt werden;
– Die Vorbereitung der praktischen Arbeit sollte nicht nur auf den Unterricht abzielen, sondern die Einbeziehung des Dorflebens durch aktive Partizipation und Hilfestellung in allen seinen Aspekten sicherstellen;
– Die Schülergruppen sollten von Lehrern begleitet werden, die möglichst auf landwirtschaftliche und technische Bereiche spezialisiert sein sollten;
– Die Schülergruppen sollten ein zentrales Dorf als regelmäßigen Treffort auswählen, um den Wechsel von Gruppen in andere Dörfer zu organisieren und um eventuelle Probleme zu besprechen sowie gemeinsam Lösungen zu finden.“ [130]

Die zitierten Punkte verdeutlichen ausreichend, daß die praktische Arbeit nicht eine bloße Abwechslung des Unterrichts in den Instituten bedeutete. Indem man die Schüler, obwohl sie von einigen Lehrern begleitet wurden, ihre Tätigkeit doch selbständig planen und

---

129 Bilecikli, H.: Uygulama Bölgesi ve Öğretmen Adaylarının Stajları. In: Tonguç'a Kitap, a. a. O., S. 328 - 334
130 Gedikoğlu, Ş.: a. a. O., S. 114. Übersetzung v. d. Verf.

ausführen ließ, bekamen die praktischen Arbeiten tatsächlich den Charakter von ernsthafter Vorbereitung auf die zukünftigen Einsätze in den Dörfern. Derartige Arbeiten boten sicher auch Gelegenheit, um die Kenntnisse und Fähigkeiten der Schüler besser beurteilen zu können.

Landwirtschaftliche Fächer:
Auch im Falle der landwirtschaftlichen Fächer der Institute bestanden keine einheitlichen Vorgaben. Dies erklärt sich aus der Tatsache, daß die Institute in klimatisch unterschiedlichen Regionen mit jeweils unterschiedlicher Vegetation errichtet wurden.
Damit die Dorfinstitute ihre landwirtschaftlichen Arbeiten nach den regionsspezifischen Bedingungen und den damit verbundenen Arbeitsformen richten konnten, mußten sie diese vor Festlegung ihrer Arbeitsschwerpunkte gründlich recherchieren. Dadurch konnte der Erfolg der diesbezüglichen Arbeiten sichergestellt werden. Gleichzeitig wurde damit ebenfalls gewährleistet, daß sich die Dorfinstitute tatsächlich zu Selbstversorgungsschulen entwickelten. Im übrigen war die Idee von der Selbstversorgung nicht allein im landwirtschaftlichen Sektor relevant. Vielmehr wurde sie in allen Arbeitsbereichen der Institute gefördert. Im Zusammenhang mit dem finanziellen Aspekt der Dorfinstitute werde ich den Selbstversorgungsgedanken später erneut aufgreifen.
Gemäß den Vorgaben des Erziehungsministeriums sollten 25 % des Unterrichts aus landwirtschaftlichen Fächern bestehen. Dabei wurde folgende Aufteilung in Wochenstunden vorgegeben (vgl. Tabelle auf der nächsten Seite).[131]
Das Bildungsprogramm bestimmte, daß der Landwirtschaftsunterricht von Jungen und Mädchen gemeinsam, sowohl im theoretischen als auch im praktischen Teil, besucht werden sollte. Auch sollte der Landwirtschaftsunterricht für die Bauern aus benachbarten Dörfern offengehalten werden.[132]
Wie unterschiedlich und komplex die Arbeitsinhalte sein konnten, zeigt schon ein grober Vergleich zwischen einigen Arbeitsfeldern des

---

131 Köy Enstitüleri Öğretim Programı, Maarif Vekaleti, a. a. O.. Übersetzung v. d. Verf.
132 ebd.

Landwirtschaftlicher Unterricht und Arbeit	Schuljahre				
	I.	II.	III.	IV.	V.
	Wochenstunden				
Ackerbau	-	3	4	2	1
Gartenwirtschaft	8	4	3	3	2
Landwirtschaftsgewerbe	-	-	1	1	2
Tierzucht	1	2	2	1	2
Geflügelstalltechnik	2	2	-	-	-
Imkerei und Seidenraupenzucht	-	-	1	2	2
Fischerei und Wasserprodukte	-	-	-	2	2
Insgesamt	11	11	11	11	11

Ortaklar Dorfinstituts, das in der Nähe der türkischen Westküste errichtet wurde, und des Clavuz Dorfinstituts im Osten der Türkei, nahe der Grenze zur ehemaligen Sowjetunion.

Während man im Ortaklar Dorfinstitut entsprechend den klimatischen Bedingungen erkannte, daß sich das Gebiet besonders für den Anbau von Wein, Oliven, Feigen, Baumwolle und Tabak eignete und daher diese Produkte in den Vordergrund des Landwirtschaftsunterrichts stellte, wurde im Clavuz Dorfinstitut ebenfalls entsprechend den dort vorliegenden Gegebenheiten der Schwerpunkt eher auf Getreideanbau und Viehzucht gelegt.[133] Unter den Bedingungen des unterschiedlichen Klimas erübrigte es sich auch, daß bestimmte landwirtschaftliche Arbeiten eines Instituts von einem anderen imitiert wurden. Und so ist es einleuchtend, daß die Unterschiede im praktischen Teil der Landwirtschaft auch Auswirkungen auf die Gestaltung des theoretischen Unterrichts haben mußten.

In der Praxis beinahe aller Institute standen jedoch neben den schwerpunktmäßig angelegten landwirtschaftlichen Arbeiten grundsätzlich folgende Aufgaben zusätzlich auf der Tagesordnung: Bäume pflanzen, wässern; Blumen züchten; Sprößlinge und Gemüse aus Setzlingen und Samen züchten; Ausholzen und Pflege von Bäumen und Pflanzen; Mähen von Wiesen; Düngen der Erde; Okulieren von

---

133 Gedikoğlu, Ş.: a. a. O., S.117

Bäumen; Aufforstung; Anlage von Gärten; Züchten von Pferden und Schafen; Insektenbekämpfung sowie Herstellung von Nudeln, Weizengrütze, Essig, Zuckerrübensirup, Tomatenmark, Joghurt und Käse.[134]

Bei der Beschäftigung mit den genannten Aufgaben war das pädagogische Anliegen nicht allein die Ausbildung von praktischen Fertigkeiten. Im Zusammenwirken des praktischen Teils mit dem theoretischen Wissen wurde u.a. versucht, den sozialen Wert derartiger Beschäftigungen mit den dazugehörigen Maßnahmen zur Erhöhung der Produktivität und allgemeinen Nutzbarmachung herauszuarbeiten.

Da auch im landwirtschaftlichen Bereich der Grad der Produktivität und des Erfolgs außer von der menschlichen Arbeitskraft u.a. auch von der Qualität der technischen Arbeitsmittel abhängt, gehörte es zweifelsohne zum Anliegen der Dorfinstitute, bei ihren Arbeiten anstelle veralteter Geräte technisch fortschrittliche Werkzeuge einzusetzen. Daß die Verwirklichung eines solchen Anliegens von den verfügbaren finanziellen Mitteln entscheidend abhing, steht außer Frage. In diesem Zusammenhang ist lediglich bekannt, daß sich die Institute mangels ausreichender staatlicher Unterstützung fast immer auf eigene Möglichkeiten und Ressourcen verlassen mußten, um moderne Technik, wenn auch in begrenztem Maße, einführen zu können.[135]

Bei alledem war den Instituten jedoch der Gedanke gemeinsam, daß die landwirtschaftliche Arbeit, unter welchen Bedingungen auch immer, mit den bäuerlichen Traditionen harmonisch kombiniert werden sollte. Das bedeutete allerdings nicht, daß man bei klimatischer Eignung vor Versuchen mit dem Anbau von Agrarprodukten zurückschreckte, die der jeweiligen Bevölkerung fremd waren. Zuweilen kam es aber in dem einen oder anderen Institut auch vor, daß man trotz Bedenken hinsichtlich der Eignung des unmittelbar zur Verfügung stehenden Bodens dennoch für andere Regionen typische Gemüsesorten anbaute. Ihre Erträge fielen, wie nicht anders zu

---

134 ebd., S. 119

135 Balkır, S. E.: Dipten Gelen Ses., a. a. O.

erwarten, spärlich aus. Zu bewundern ist jedoch der Einfallsreichtum und der Mut der Institute, die in derartigen Fällen ungeachtet der Mißerfolge nach neuen Wegen und Möglichkeiten suchten. Dies geschah, indem sie zum Beispiel mehrere Kilometer weit außerhalb ihres eigenen Geländes liegende Grundstücke entweder pachteten oder kauften, auf denen sie ihr Vorhaben dann für Institutszwecke verwirklichten.[136] Zieht man die Tatsache in Betracht, daß die Institute nicht nur ihren Schülern neue Verfahren und Techniken vermittelten, sondern diese auch der Bevölkerung im Umkreis zugänglich machten, so sind die positiven Auswirkungen sòlch erfolgreicher Vorgehen leicht vorstellbar.

Es drängt sich aber auch die Frage auf, wie es wohl möglich war, neben dem theoretischen Unterricht all die notwendigen Arbeiten innerhalb des für die Landwirtschaft vorgesehenen Zeitrahmens zu bewerkstelligen. Dies um so mehr, da man aus der vorliegenden Literatur hierüber erfährt, daß mit Ausnahme von vollzeitbeschäftigten Pflegern keine weiteren Kräfte für landwirtschaftliche Arbeiten eingestellt wurden.[137] Auch in diesem Fall wurden sämtliche Arbeiten tatsächlich von den Schülern und Lehrern gemeinsam erledigt. Diese Regelung, berichteten mir Absolventen schließlich, stand im Einklang mit dem für alle Bereiche der Institute geltenden Erziehungsgrundsatz, der wörtlich formuliert dazu diente, die Schüler nicht „ins fertige Nest" zu setzen. Statt dessen sollten die Schüler auf diesem Wege mit Blick auf ihre zukünftigen Aufgaben u.a. lernen, das Gewohnte und Übliche ausschließlich durch eigenes Durchhaltevermögen und eigene Kreativität neu zu gestalten. Daß dieser Grundsatz zu bejahen ist, steht außer Zweifel. Dennoch fragt man sich, ob es nur an der Bedeutung eines solchen Grundsatzes und seiner Verinnerlichung gelegen hat, daß es auf seiten der Schüler angesichts der Fülle und Härte der Arbeitsbedingungen allein im landwirtschaftlichen Bereich noch nicht einmal Proteste gab.

Die Einsatzbereitschaft und der Arbeitswille der Schüler, über die die Bauern aus Gegenden der Institute sogar heute noch lobend

---

136 ebd.

137 Gedikoğlu, Ş.: a. a. O., S.116 f.

sprechen, mag zum Teil wohl auch dadurch zu erklären sein, daß ihnen ihre Lehrer bei allen Aktivitäten, ob in den Gärten oder im Stall, beispielhaft durch Mitarbeit zur Seite standen. Hinzu kam sicher auch der patriotische Wille, ihren Dörfern und Familien zu einem besseren Leben zu verhelfen.

Es sollte schließlich durchaus als Verdienst der Dorfinstitute erwähnt werden, daß die einst oft kahlen und desolaten Landschaften der Institutsgelände und ihrer Umgebungen in beispielhafte Grünanlagen mit Bäumen und Pflanzen verwandelt wurden.

Technische Fächer:

Nicht anders als bei den landwirtschaftlichen Fächern entsprang auch im Falle des technischen Unterrichts das vorgegebene Ziel unmittelbar aus der gesetzlichen Regelung der Aufgaben der Dorfinstitute. Demnach war allen Instituten im wesentlichen gemeinsam, ihren Schülern im Rahmen des technischen Unterrichts, die Erlernung eines handwerklichen Berufs zu ermöglichen. Hierzu gehörte auch die Ausbildung von Fähigkeiten, mit deren Hilfe sie später selbständig technische Fortschritte verfolgen und anwenden konnten.

Die Wahl des geeigneten Handwerks wurde den Schülern, ähnlich wie in den Anfangsjahren der Institute, auch nach Verabschiedung des Bildungsprogramms dadurch ermöglicht, indem man sie bereits in der 1. Klasse mit allen anfallenden Arbeiten vertraut machte. Somit konnten sie ihren Interessen und Fähigkeiten entsprechende Arbeiten selbst aussuchen. Ab der 2. Klasse allerdings mußten sie auch die Ratschläge der Lehrer berücksichtigen. Bei dem dann gewählten Handwerk blieben sie bis zum Abschluß der Ausbildung.

Welche Handwerke im Rahmen der technischen Fächer zur Auswahl standen, wurde im Bildungsprogramm ebenfalls einheitlich geregelt. Allerdings wurden darin im Gegensatz zu den landwirtschaftlichen Fächern, die von Jungen und Mädchen gemeinsam besucht wurden, die Geschlechter hinsichtlich der wählbaren handwerklichen Fächer gemäß einer Anpassung an traditionelle Aufgabenbereiche getrennt berücksichtigt. Diese Trennung ist um so auffälliger, da im allgemeinen die Institute durchaus bemüht waren, die Mädchen durch ihre Einbeziehung in alle sonstigen Aktivitäten im Sinne eines für damalige, aber auch für heutige Verhältnisse in der Türkei unüblichen, gleichberechtigten Erziehungsverständnisses auszubilden. Hierfür spricht u.a. auch die von Tonguç in seinen Rundschreiben an die Institutsleiter immer wieder gerichtete Forderung, die Mädchen bei der Benutzung und Bedienung technischer Geräte, wie zum Beispiel bei Fahr- und Motorrädern, mit den Jungen gleichberechtigt zu behandeln.[138] Die im Falle handwerklicher Fächer und Berufe dennoch vollzogene geschlechtsspezifische Trennung macht letztendlich deutlich, daß auch die Dorfinstitute die landesweit bei der Erziehung von Mädchen angelegten starren Normen und Regeln nicht gänzlich zu durchbrechen vermochten. Hierzu hätte es sicher auch einer verstärkten Unterstützung von seiten der Regierung bedurft, der es im Falle der gesellschaftlichen Stellung und Möglichkeiten der Frau nur gelungen war, ihre Gleichberechtigung innerhalb der Schranken einer gesetzlichen Regelung zu vollziehen, da die gesellschaftlichen Voraussetzungen für ihre praktische Umsetzung unangetastet blieben. So standen im Rahmen technischer Unterrichtsstunden der Institute gemäß dem Bildungsprogramm folgende für Jungen und Mädchen getrennte Fächer ab der 2. Klasse zur Auswahl.[139]

Handwerkliche Fächer (nur für Jungen)	Schuljahre			
	II.	III.	IV.	V.
	Wochenstunden			
1. Eisenbearbeitung				
a) Heiß- und Kalteisenbearbeitung	8	8	6	6
b) Hufschmiederei	-	-	3	3
c) Motorwesen	3	3	2	2
Insgesamt	11	11	11	11
2. Schreinerhandwerk				
a) Schreinerei	6	6	7	7
b) Tischlerei	3	3	2	2
c) Mauern	2	2	2	2
Insgesamt	11	11	11	11

---

138 In: Tebliğler Dergisi, o. O., 1943, S. 77

139 Köy Enstitüleri Öğretim Programı, Maarif Vekaleti, a. a. O.

Handwerkliche Fächer (nur für Jungen)	Schuljahre			
	II.	III.	IV.	V.
	Wochenstunden			
3. Bauwesen				
a) Bauarbeit	6	6	7	7
b) Betonarbeit	3	3	2	2
c) Bautischlerei	2	2	2	2
Insgesamt	11	11	11	11

Handwerkliche Fächer (nur für Mädchen)				
	Wochenstunden			
1. Manuelle Fertigkeiten				
a) Nähen	6	6	7	7
b) Textil und Stricken	3	3	2	2
c) Landwirtschaftliches Handwerk	2	2	2	2
Insgesamt	11	11	11	11

Handwerkliche Fächer	Schuljahre			
2. Strick- und Webkunst				
a) Stricken und Weben	6	6	7	7
b) Nähen	3	3	2	2
c) Landwirtschaftliches Handwerk	2	2	2	2
Insgesamt	11	11	11	11

3. Landwirtschaftliche Fertigkeiten				
a) Landwirtschaftliches Handwerk	6	6	7	7
b) Nähen	3	3	2	2
c) Strick- und Webkunst	2	2	2	2
Insgesamt	11	11	11	11

Bei der Durchführung technischer Fächer galt ebenfalls der Grundsatz, daß technische Kenntnisse nicht ausschließlich in Klassenräumen durch Anfertigen von Zeichnungen, Plänen u. ä. zu vermitteln waren. Der Praxisbezug des theoretischen Wissens galt auch hier als ein grundsätzliches Erziehungs- und Bildungsprinzip. In diesem Zusammenhang wurden jedoch keine spielerischen oder modellhaften Experimente durchgeführt. Ausgehend von dem Leitsatz, wonach die praktische Arbeit einen praktischen Nutzen haben müsse, wurden nach kurzen Übungen ernsthafte Arbeiten angegangen.

Freilich waren die anfänglichen Arbeiten nicht fehlerfrei, aber sie wurden dennoch sinnvoll verwendet. Dies geschah nicht, wie mancherorts als Kritik an den Dorfinstituten formuliert, lediglich aus Gründen der Materialeinsparung. Diese Verwendung folgte vielmehr der pädagogischen Einsicht, daß die Schüler ihre eigenen Leistungen, ganz gleich welcher Art, schätzen lernen sollten. Überdies wurden sie auf diesem Wege zur Weiterentwicklung ihrer Fähigkeiten angespornt. Nicht die Perfektion einer Arbeit stand im Vordergrund; es sollten vielmehr Menschen dazu erzogen werden, durch eigenes Arbeiten Fehler selbständig zu erkennen und korrigieren zu lernen.

Für die im Rahmen der technischen Fächer zu erledigenden theoretischen und praktischen Arbeiten bot der Aufbau der Institute selbst genügend Betätigung. Besonders in den Jahren, als in den Instituten die Bauarbeiten verstärkt im Vordergrund standen, wurden die Schüler in verschiedenen Arbeitsbereichen rotierend eingesetzt. Die Tischlereischüler mußten zum Beispiel auch abwechselnd im Baubereich und umgekehrt arbeiten. So betätigten sich die Schüler nicht nur in Bereichen, in denen sie sich auskannten, sondern erwarben auch andere technische Fertigkeiten. Gleichwohl wurde darauf geachtet, daß durch dieses Verfahren die im Wahlfach der Schüler erforderliche fachliche Qualifizierung nicht beeinträchtigt wurde. Je mehr die Dorfinstitute ihre eigenen Baubedürfnisse erledigt hatten, um so inhaltlich präziser konnten sie freilich die Wahlfächer ab der 2. Klasse gestalten.

Den für jede Fachrichtung vorgegebenen Zielen des Bildungsprogramms entsprechend, mußten die Schüler alle erforderlichen Etappen des von ihnen gewählten handwerklichen Fachs kennenlernen. Damit wurde ausgeschlossen, daß die von einer Gruppe entsprechend ihrem Können begonnene Arbeit von einer anderen fortgesetzt wurde. Eine Gruppe, die die Konstruktion übernahm, trug bis zur Fertigstellung die volle Verantwortung für die Arbeit. Wenn zum Beispiel einer Gruppe unter Leitung von Lehrern oder auch von erfahrenen Schülern der Bau einer Scheune oder Schule übertragen wurde, arbeitete sie so lange daran, bis sie das Gebäude schlüsselfertig dem Institutsleiter übergeben konnte.

Die Werkstätten der Institute, wie Tischlerei, Schmiede u. ä., die als Lehrwerkstätten eingerichtet waren, führten jedoch nicht nur Bauarbeiten durch. Ungefähr 80 % des erforderlichen Materials und der Werkzeuge wurden dort während des Unterrichts hergestellt. Folgende Beispiele aus verschiedenen Arbeitsbereichen des technischen Unterrichts für männliche Schüler verdeutlichen das Ausmaß der Leistungen:

a) Metallarbeiten: Herstellung aller Geräte und Gegenstände aus Weißblech, Eisenblech und Eisen, die bei verschiedenen Bauarbeiten verwendet wurden.

b) Holzarbeiten: Herstellung von Geräten, wie zum Beispiel Kleiderbügel, Stühle, Tische u. ä., einfache Reparaturen.

c) Bauarbeiten: Zubereitung von Mörtel, Herstellung von Ziegeln und Luftziegeln, Bau von Wänden, Steinverarbeitung, Dacharbeiten, Reparaturen u. ä.

d) Eisenwerkarbeiten: Herstellung von Werkzeugen für Feuerstellen, diverse Schweißarbeiten, Eisenarbeiten an verschiedenen Wagen, Werkzeuge für die Werkstätten, Blecharbeiten, Wasserinstallation nach Plan, Hufschmiedprodukte, Dampfmotoren, Turbinen und ihre Verwendung, einfache Reparaturarbeiten.

e) Schreinerei (Bauschreinerei im weitesten Sinne): Herstellung von Dach- und Bodenlatten, Türen, Fensterrahmen, Schränken und Rolläden, Gußformen für Beton und Arkaden, Werkzeuge, Wagenteile.[140]

Während die männlichen Schüler in den oben genannten Bereichen

---

140 Balkır, S. E.: Dipten Gelen Ses, a. a. O., S. 374 ff.

eingesetzt wurden, qualifizierten sich die weiblichen Schüler in ihren Fächern mit Arbeiten, durch die in erster Linie ebenfalls Institutsbedürfnisse gedeckt werden konnten. Einige Beispiele seien im folgenden erwähnt: Zuschnitt und Nähen von Unterwäsche, Hemden, Blusen, Kleider, Hosen, Bettwäsche, Tischdecken, Servietten, Taschentüchern u. ä. Daneben lernten sie u.a. auch die Verwendung pflanzlicher und chemischer Farben sowie Konservierungstechniken für Fleisch, Obst und Gemüse.[141]

Während die Schüler in handwerklichen Bereichen ausgebildet wurden, konnten sie gleichzeitig als pädagogische Erfahrung Lehrmethoden kennenlernen und erwarben das Wissen über die Herstellung und Anwendung von Werkzeugen und Geräten. Da die Schüler darüber hinaus u.a. Zeichnungen und Pläne der Arbeiten anfertigten und analysierten und Kostenkalkulationen für die Herstellung von Werkzeugen und die Ausführung der Arbeiten erstellten, konnten Hände und Verstand gleichzeitig geschult werden. Nicht zu unterschätzen ist schließlich die Tatsache, daß es den Dorfinstituten gelungen ist, ihre Entwicklung auch in diesem Zusammenhang weitgehend unabhängig von staatlichen Subventionen zu sichern, da sie mit Hilfe des technischen Unterrichts ihre eigenen Bedürfnisse größtenteils selber zu decken verstanden.

Ausbildung von Gesundheitsbeamten

Die Beschäftigung mit den Problemen der ländlichen Bevölkerung, die die Grundlage der Entwicklung von Unterrichts- und Arbeitsprogrammen der Institute bildete, zeigte bald, daß in den Dörfern neben Lehrern und Handwerkern dringender Bedarf an Personen herrschte, die sich gezielt auf Fragen der Gesundheit konzentrierten. So wurde nach Beratung zwischen dem Erziehungs- und dem Gesundheitsministerium 1944 beschlossen, in die Aufgaben der Institute die Ausbildung von Schülern zum Gesundheitspersonal zu integrieren. Mit dem am 9. 7. 1944 unter der Nr. 4.459 verabschiedeten

---

141 Gedikoğlu, Ş.: a. a. O., S. 124

Gesetz wurde diesem Beschluß die gesetzliche Grundlage verschafft. Beide Ministerien verpflichteten sich darin, zusammenzuarbeiten und die Institute in diesem Vorhaben zu unterstützen.[142]

Die Ausbildung von Gesundheitsbeamten wurde als Aufgabe zunächst an vier Dorfinstitute übergeben (Hasanoğlan, Kızılçullu, Akçadağ und Arifiye). In diesen Instituten wurde den Schülern ab der 3. Klasse ihrer fünfjährigen Ausbildung die Möglichkeit angeboten, sich freiwillig statt zu Lehrern zu Gesundheitsbeamten ausbilden zu lassen.

Der Fachunterricht zur Ausbildung von Gesundheitsbeamten umfaßte folgende Gebiete:[143]

4. Klasse	5. Klasse
- Anatomie	- ansteckende Krankheiten
- Hygiene	und Gegenmaßnahmen
- Kindererziehung	- Gesundheitsverwaltung
- Krankenpflege	- Hygiene
- Kleine chirurgische Eingriffe	

Der zweijährigen Ausbildung in den Instituten, in der primär theoretische Kenntnisse vermittelt wurden, schloß sich ein kurzes Praktikum an. In diesen Praktika arbeiteten die angehenden Gesundheitsbeamten unter Leitung ihrer Lehrer, die gleichzeitig Ärzte waren, in staatlichen Krankenhäusern oder in Gesundheitsdienststellen. Nach Bestehen einer Abschlußprüfung wurde den Schülern vom Gesundheitsministerium ein Diplom ausgestellt, das sie befähigte, als Gesundheitsbeamte in den Dörfern zu arbeiten. Laut Gesetz hatten sie im wesentlichen folgende Aufgaben zu übernehmen:[144]

- Bekämpfung von ansteckenden Krankheiten u.a. durch:
  - Isolierung von Kranken
  - Überwachung ärztlicher Anordnungen
  - Impfung von Dorfbewohnern

---

142 In: Balkır, S. E.: Dipten Gelen Ses, a. a. O., S. 422

143 In: Balkır, S. E.: Dipten Gelen Ses, a. a. O., S. 422

144 In: Balkır, S. E.: Dipten Gelen Ses, a. a. O., S. 423

- Ergreifung von Maßnahmen gegen die Verbreitung ansteckender Krankheiten u.a. durch:
  - Überwachung von Trinkwasserquellen
  - Planung und Förderung des Baus von sanitären Einrichtungen
  - Hygienekontrollen in öffentlichen Toiletten u. ä.
- Kampf gegen Krankheit übertragende Insekten durch:
  - Weitergabe von Informationen und Mitteln zur Bekämpfung von Insekten
  - Bekämpfung von Insektenbrutstätten
  - Durchführung von Hygienekontrollen in Ställen.

Hinsichtlich der Bedeutung der hier nur grob skizzierten Aufgaben von Gesundheitsbeamten wird deutlich, wie unzureichend die vorgesehene Ausbildung war. Aber angesichts der verheerenden Gesundheitszustände in den meisten Dörfern Anatoliens, denen immer mehr Menschen wegen fehlender gesundheitlicher Versorgung zum Opfer fielen, erscheint jegliche Ausbildung besser als keine. Obwohl die ausgebideten Gesundheitsbeamten nicht imstande sein konnten, die Gesundheitsprobleme der Dörfer zu lösen, ist dennoch anzumerken, daß die Dorfbewohner zumindest jemanden hatten, der ihnen wenigstens eine Injektion verabreichen konnte.

Bis 1951 gelang es den Dorfinstituten, 1.600 Gesundheitsbeamte für die Dörfer auszubilden.[145] Ähnlich wie die in den Instituten ausgebildeten Lehrer, wurden auch die Gesundheitsbeamten verpflichtet, 20 Jahre in den Dörfern zu arbeiten. Aufgrund der nach dem Regierungswechsel von 1950 vorgenommenen Gesetzesänderungen wurde jedoch auch den bereits in den Dörfern tätigen Gesundheitsbeamten das Recht zuerkannt, nach einem sechsmonatigen Aufbaukurs in den Städten zu arbeiten. Wie kaum anders zu erwarten, verließen die meisten Gesundheitsbeamten ihre Dörfer, um in den städtischen Krankenhäusern zu arbeiten. So blieben die Dörfer nach kurzer Zeit wieder ohne gesundheitliche Betreuung.

---

145 Balkır, S. E.: Dipten Gelen Ses, a. a. O., S. 427

Praktikum angehender Lehrer

Im Zusammenhang mit dem Pädagogikunterricht erwähnte ich bereits, daß im Rahmen dieses Unterrichtsfaches die praktische Arbeit in Dorfschulen im Umkreis der Institute insbesondere für die Schüler des letzten Ausbildungsjahres vorgesehen wurde. Darüber hinaus wurde in jedem Institut gegen Ende der fünfjährigen Ausbildung ein drei bis vierwöchiges Praktikum in Gruppen mit jeweils 4 bis 5 Schülern angeschlossen.[146]

Die theoretischen und praktischen Vorbereitungen für den Aufenthalt in den Dorfschulen wurden im Pädagogikunterricht anhand der für die vorangegangenen praktischen Arbeiten geltenden Kriterien getroffen. Mit Hilfe der bereits gesammelten Erfahrungen konnten die Schüler diese freilich unter Einbeziehung bekannter Probleme in den Dörfern und ihren Dorfschulen unter Umständen ergänzen bzw. präzisieren. Von den Lehrern wurde erwartet, daß sie ihre Schüler in regelmäßigen Abständen besuchten. Diese Besuche sollten nicht so sehr der Kontrolle wegen stattfinden, sondern den Schülern bei eventuellen Schwierigkeiten vor Ort helfen.

Da laut gesetzlicher Regelung die angehenden Lehrer nicht nur im theoretischen und praktischen Unterricht in den Dorfschulen eingesetzt wurden, sondern daneben auch die sozialen und ökonomischen Probleme der Dorfbewohner insgesamt angehen sollten, stellte dieser Aspekt einen besonderen Schwerpunkt des Praktikums dar. Daher war es notwendig, daß die Schüler mit den Dorfbewohnern verstärkt Kontakt aufnahmen. Den Memoiren ehemaliger Institutsleiter ist beinahe einstimmig zu entnehmen, daß es kaum Kommunikationsprobleme zwischen den Dörflern und Schülern gegeben habe, da die Schüler ja selbst ihre Wurzeln nach wie vor in den Dörfern hatten.[147]

Man beobachtete, wie die meisten Schüler neben der Gestaltung des Unterrichts in den Dorfschulen zum Beispiel verschiedene Reparatur- und Aufbauarbeiten mit beinahe heroischem Elan angingen. In den unterrichtsfreien Stunden, insbesondere an Wochenenden,

---

146 Bilecikli, H.: a. a. O., S. 328 - 334

147 In: İnan, M. R.: a. a. O., S. 167

organisierten sie zusammen mit den Bauern gesellige Abende. İnan, Leiter des Dorfinstituts Hasanoğlan, schildert hierzu als sein schönstes Erlebnis, daß es seinen Schülern durch unermüdlichen Einsatz gelang, die Dorfjugendlichen vom Alkoholkonsum, dem ihnen bis dahin einzig bekannten Mittel der Freizeitgestaltung, abzubringen und sie statt dessen mit neuen Unterhaltungsformen, wie zum Beispiel Singen und Tanzen, vertraut zu machen.[148] Ähnliche Erfolge wurden auch in anderen Dörfern beobachtet, in denen die Schüler der Institute im Rahmen ihres Praktikums eingesetzt wurden.[149]

Für die Auswertung des Praktikums nach der Rückkehr in die Institute mußten die Schüler in ihren Gruppen einen Bericht erstellen. Im Rahmen des Pädagogikunterrichts wurden die Erfahrungen des Praktikums gemeinsam mit den Lehrern besprochen und bewertet.

Beurteilung und Versetzung

Eine der schwierigsten Aufgaben jeder Erziehungs- und Bildungsinstitution ist zweifelsohne die Beurteilung von Leistungen ihrer Schüler. Dabei rührt das Problem nicht zuletzt von der Frage her, welche Kriterien der Beurteilung maßgebend zugrunde zu legen sind. Obgleich vielerorts nicht angezweifelt wird, daß die gängigen Verfahren, durch die in erster Linie gespeichertes Wissen in mechanischen Abläufen abgefragt und benotet wird, keineswegs genügen können, um ein gerechtes Urteil über Leistungen zu fällen, gehören sie dennoch zur herrschenden Praxis. Der mechanische Charakter von Beurteilungskriterien als ein wesentliches Merkmal traditioneller Erziehungs- und Bildungseinrichtungen ist jedoch insofern verständlich, als er unmittelbar im Einklang mit einem ebenso mechanischen Bildungsverständnis steht, das die Herausbildung von Fähigkeiten des Menschen ungeachtet ihrer dynamischen Verflechtungen in statisch isolierte Vorgänge zerlegt.

Im Falle der Dorfinstitute lag es auf der Hand, daß sie mit den Kriterien herkömmlicher Bewertungsmodelle kaum imstande

---

148 ebd.

149 Gedikoğlu, Ş.: a. a. O., S. 132 f.

sein konnten, ihren pädagogischen Anliegen Rechnung zu tragen. Der ganzheitlichen Herausbildung von Fähigkeiten als einer der bedeutsamsten erziehungs- und bildungsspezifischen Grundlagen der Institute entsprechend, mußte auch in bezug auf die Bewertung von Leistungen der Schüler die ganzheitliche Beurteilung ein maßgebendes Kriterium sein. Die diesbezügliche Aufgabe der Institute wurde insofern erleichtert, als das Erziehungsministerium ihnen keine gemeinsamen Erfolgsziele vorlegte, wie sie für andere Schulen des Landes üblich waren. Auch in diesem Zusammenhang wurden den Instituten weitgehende Freiräume zur eigenständigen Festlegung ihrer Maßstäbe gewährt.

Basierend auf der Einsicht, daß man anhand von Klassenarbeiten und der Vergabe von Noten kein Urteil über den Charakter von Leistungen und den ihnen zugrundeliegenden Motivationen fällen konnte, wurden in den Instituten auf die gesamte Persönlichkeit der Schüler und ihre sozialen Bedingungen abzielende Beurteilungen abgegeben.

Im folgenden sind in Anlehnung an Berichte von Absolventen der Dorfinstitute einige Punkte zusammengetragen, die Aufschluß über die Praktiken geben, mit deren Hilfe die Beurteilung und Versetzung von Schülern erfolgte:

a) Von der Vergabe von Noten, die in Zahlen ausgedrückt wurden, sah man grundsätzlich ab. Statt dessen wurden in jedem Ausbildungsjahr von den Lehrern das Verhalten jedes Schülers in regelmäßigen Abständen in schriftlichen Gutachten bewertet. Bei der Erstellung derartiger Gutachten wurden neben der Arbeitsbereitschaft und den Leistungen im Unterricht, hauptsächlich das Sozialverhalten des Schülers im Umgang mit anderen Schülern, aber auch die Fähigkeit, Probleme selbständig anzugehen, berücksichtigt.

b) Den Schülern wurden keine Zeugnisse ausgestellt. Auf den Lehrerkonferenzen wurden anhand der erstellten Gutachten die Leistungen der Schüler von allen Lehrern gemeinsam eingehend erörtert. Nach jeder Beratung wurden die Schüler von ihren Lehrern über ihren Stand aufgeklärt.

c) Im Falle jener Schüler, die in ihrer Entwicklung und ihren Leistungen als schwach bewertet wurden, begnügte man sich nicht mit einem entsprechenden Verweis darauf. In zusätzlich zum Unterricht organisierten Kursen wurde versucht, diese Schüler gesondert zu fördern. Darüber hinaus wurden für Schüler, deren Versetzung man als gefährdet erachtete, insbesondere in den Sommerferien Förderkurse durchgeführt. Die endgültige Entscheidung, ob ein Schüler tatsächlich versetzt werden oder die Klasse wiederholen sollte, wurde auf einer gesonderten Lehrerkonferenz im Anschluß an den Förderkurs getroffen. Von einer Versetzung wurde dann abgesehen, wenn ein Schüler aufgrund seiner ungenügenden Bereitschaft in mehr als zwei Unterrichtsfächern und Arbeitsbereichen keine Fortschritte erzielte. Allerdings war es in den Instituten nicht möglich, ein Ausbildungsjahr zweimal zu wiederholen. Wenn die Versetzung eines Schülers trotz Wiederholung einer Klasse erneut nicht möglich war, wurde dieser vom Institut ausgeschlossen.

d) Als Abschluß der Ausbildung in den Instituten fand eine Prüfung vor einer Kommission statt, die sich aus maximal drei Lehrern zusammensetzte. Die Themen der Abschlußprüfung bezogen sich insbesondere auf Sachgebiete der letzten Ausbildungsjahre, wobei die Einsatzbereitschaft sowie die Leistungen im Rahmen des Praktikums für den Abschluß wichtige Kriterien waren.

Jene Schüler, die ihre Ausbildung nicht erfolgreich abschließen konnten, wurden im allgemeinen anstelle einer Wiederholung der letzten Klasse probeweise für ungefähr 6 Monate in den Dörfern eingesetzt. Von einem Schulrat wurden ihre Arbeitsleistungen im Dorf verfolgt und in schriftlichen Gutachten an die jeweiligen Institute geschildert. Dieses Verfahren erwies sich als besonders erfolgreich. Eine Reihe von Schülern, deren Leistungen in den Instituten als nicht ausreichend beurteilt wurden, zeigten sich ebenso erfolgreich wie diejenigen, die die Institute mit Erfolg abgeschlossen hatten. In solchen erfolgreichen Fällen wurde den betreffenden Schülern nach Ablauf der Probezeit doch noch ein Abschlußzertifikat ausgestellt, das ihnen die Festanstellung als Lehrer in Dorfschulen ermöglichte.

Allerdings ist den Statistiken auch zu entnehmen, daß es einer Reihe von Schülern trotz verschiedener Bemühungen nicht gelang, die Ausbildung in den Instituten erfolgreich abzuschließen. 1945 konnten zum Beispiel von insgesamt 14.464 Schülern 2.589 keinen Abschluß erzielen.[150]

Zum finanziellen Aspekt der Dorfinstitute

Obwohl die Dorfinstitute während ihres Bestehens, aber auch danach vielerlei Kritik betreffs ihrer Ziele und Inhalte ausgesetzt waren, gab es kaum Stimmen, die sich gegen ihre Finanzpolitik richteten. Hierfür gibt es einen einfachen Grund: Die Dorfinstitute waren tatsächlich kostengünstige Einrichtungen.

Ich erwähnte bereits, daß die Dorfinstitute ihre Anlagen aufgrund mangelnder finanzieller Unterstützung von seiten des türkischen Staates mehr oder minder aus dem Boden stampfen mußten. Auch im Zusammenhang mit dem Unterricht wurde deutlich, daß sich die pädagogischen Maßnahmen kaum von der Notwendigkeit, die Dorfinstitute zu Selbstversorgungseinrichtungen zu entwickeln, trennen ließen. Von daher läßt sich die Bedeutung der Prinzipien Arbeit und Kreativität als wichtige Erziehungs- und Bildungsmerkmale der Dorfinstitute nur unvollständig erfassen, wenn diese neben ihren pädagogischen Funktionen nicht zugleich unter dem Aspekt ihrer finanziellen Wirksamkeit berücksichtigt werden würden. Allerdings wird dieser Aspekt in der vorhandenen Literatur kaum gebührend beachtet. Lediglich in einem Artikel von Tekben wurde der Versuch unternommen, vor dem Hintergrund einiger nach Jahren aufgelisteter effektiver Ausgaben des Staates für die Dorfinstitute die Kostengünstigkeit dieser Einrichtungen im Vergleich zu anderen Internaten herauszuarbeiten.[151] Aufgrund der in der Türkei unaufhaltsam steigenden Inflationsrate mit der chronischen Abwertung der türkischen Währung haben diese Zahlen jedoch aus heutiger Sicht kaum Aussagekraft. Hinzu kommt, daß es vom heutigen Standpunkt aus nicht mehr um einen Vergleich von Zahlen über geregelte Einnahmen und Ausgaben als zentrales Thema gehen kann. Vielmehr müßte im Mittelpunkt die Frage stehen, welchen Beitrag

---

150 Gedikoğlu, Ş.: a. a. O., S. 138

151 Tekben, Ş.: Neden Köy Enstitüleri. In: Türkiye Milli Gençlik Yayınları, Ankara o. J., S. 29 - 30

die Institute zur gesellschaftlichen Entwicklung leisteten. Allein der Hinweis auf die niedrigen Kosten, die der türkische Staat für die Institute aufbrachte, würde nicht zur angemessenen Beantwortung dieser Frage führen. Daraus wäre lediglich vordergründig ableitbar, wie korrekt und sparsam die Institute mit den ihnen zugeführten finanziellen Mitteln umgingen. Daß die Institute im Hinblick auf Ausgaben tatsächlich über Gebühr bedachtsam waren, bezeugen die heute noch vorliegenden Buchführungen.[152] Andererseits war diese Tatsache zugleich bedingt durch die defizitären wirtschaftlichen Faktoren der gesellschaftlichen Rahmenbedingungen, die einen sparsamen Umgang mit den Finanzen ohnehin unabdingbar machten. Gleichzeitig ist aber auch bekannt, daß die Institute mit den Staatsmitteln nicht nur korrekt und sparsam umgingen, sondern vielfach überschüssige finanzielle Erträge verbuchten, die wiederum in die Staatskasse zurückflossen.[153] Das Geheimnis begründete sich darin, daß die Institute zum Beispiel den Weizen mit Hilfe eigener Verfahren zu 5 % des Marktpreises produzieren konnten.[154] Derartige Leistungen kamen nicht nur den Instituten selbst zugute, sondern auch den Bauern aus der Umgebung, da in allen Instituten Kooperativen für die Bauern eingerichtet waren und von den Schülern geführt wurden.[155] Auf der Grundlage des Wirtschaftlichkeitsprinzips wurde beim Kauf von Waren und Gegenständen und bei ihrer Bearbeitung stets ein Maßstab angelegt, der über der Primitivität, aber unter der Schwelle des Luxus stand. Gleichzeitig beherrscht von der Idee des Machbaren, wurde vielfach nach Wegen gesucht, um die erforderlichen Gegenstände statt zu kaufen mit eigenen Mitteln herzustellen. So kam es, daß man statt aus Porzellantellern aus Blechschüsseln aß, die in den eigenen Werkstätten der Institute hergestellt wurden. Beinahe sämtliche Einrichtungsgegenstände, wie Tische, Stühle, Schränke, Betten u. ä., aber auch Bekleidung wurden nicht fertig gekauft, sondern ebenfalls in den Werkstätten der Institute angefertigt.

---

152 Gedikoğlu, Ş.: a. a. O., S. 139 f.

153 Balkır, S. E.: Dipten Gelen Ses, a. a. O., S. 379 f.

154 Makal, M.: Köy Enstitüleri ve Ötesi, a. a. O., S. 68

155 Tekben, Ş.: Kooperatif Çalışmaları. In: Tonguç'a Kitap, a. a. O., S. 312 - 313

Solange der Herstellungsprozeß anhielt, wurde nach behelfsmäßigen Übergangslösungen gesucht. Das gleiche betrifft die Ernährung, die durch eigene Verfahren und Techniken sichergestellt wurde. Im Zusammenhang mit der ernährungsmäßigen Selbstversorgung wurde darüber hinaus ein Tauschverfahren zwischen den Instituten praktiziert.

Weitere bestimmende Faktoren der Wirtschaftlichkeit waren zweifelsohne der niedrige Anteil an bezahlten Arbeitskräften sowie das Arbeitssystem der Institute. Im Rahmen vorangegangener Themenschwerpunkte wurde mehrfach die pädagogische Bedeutung von Arbeit einerseits und wenigen Arbeitskräften andererseits angemerkt. So wäre hervorzuheben, daß die Gründe für die kostengünstige Führung der Institute nicht nur in ihrem sorgfältigen Umgang mit Staatsmitteln verankert waren. Sie ergaben sich gleichermaßen aus der Rationalität ihrer arbeitsspezifischen Prinzipien und der darauf basierenden Verfahren.

Demontage und Abschaffung der Dorfinstitute

Die Preisgabe der Dorfinstitute

Dem türkischen Staat war es bis in die 40er Jahre gelungen, auf den Trümmern des Osmanischen Reiches eine wirtschaftliche und politische Souveränität gegenüber westlichen Nationen von nicht unbedeutendem Ausmaß aufzubauen bzw. zu erhalten. Dennoch blieben die Versäumnisse des kemalistischen Regimes nicht ohne Folgen im Hinblick auf entscheidende innenpolitische Umwälzungen, die parallel zum Ende des Zweiten Weltkrieges in der Geschichte der Türkei eine neue politische Ära herbeiführten.

Ohne Zweifel auch begünstigt durch die weltpolitischen Ereignisse und Entwicklungen, hatte die wirtschaftliche und soziale Repression gegenüber breiten Bevölkerungsschichten, vor allem im ländlichen Raum, innerhalb der türkischen Gesellschaft einen Zustand unkontrollierbaren Ausmaßes erreicht. Einen nicht unwesentlichen Anteil an den Belastungen der ländlichen Bevölkerung hatten die willkürlich erhobenen Bodensteuern. Basierend auf Erinnerungen von Betroffenen aus der damaligen Zeit schreibt Cem folgenden Bericht dazu:

„Nachdem die Beamten das Feld des Bauern begutachteten, bestimmten sie, daß 'soundsoviel Kilogramm des Ertrages' als Steuer abzugeben wären. Im allgemeinen lag die veranschlagte Menge weit über dem Leistungsvermögen des Bauern. Da es vielen Bauern nicht möglich war, die festgelegten Steuern aufzutreiben, mußten sie einen Teil ihrer Felder an die Großgrundbesitzer abtreten. Andere wiederum

trieben mühsam die Steuermittel auf und lieferten die sorgfältig abgewogenen Mengen selbst in der Stadt ab. Dort jedoch wurden sie mit der Korruption der Beamten konfrontiert: sie bekamen zu hören, daß die abgelieferte Menge doch nicht ausreiche. In solchen Fällen war es einigen Bauern möglich, durch Bestechungsgelder die Beamten zufriedenzustellen. Andere hingegen, die über keine Bestechungssummen verfügten, mußten eine Tracht Prügel in Kauf nehmen." [156]

Wenngleich man nicht ausschließen kann, daß die Überlieferungen einen Anteil an Übertreibung enthalten, vermitteln sie dennoch einen gewissen Einblick in die damalige Realität.

Während die ländliche Bevölkerung von der kemalistischen Regierung weitgehend vernachlässigt wurde, war andererseits nicht zu übersehen, daß die Angehörigen der Mittel- und Oberschicht durch massive Unterstützung ihrer Interessen die tatsächlichen Nutznießer kemalistischer Politik waren. Die Durchführung umfangreicher Investitionsprogramme seitens der Regierung und die kriegswirtschaftlich günstigen Bedingungen des Zweiten Weltkrieges hatten der Handels- und Industriebourgeoisie verholfen, ihre technisch-ökonomischen Ressourcen beträchtlich auszuweiten.[157] Auch verstärkt durch das Bündnis mit den ländlichen Großgrundbesitzern, gewannen die Gesellschaftskreise des privatwirtschaftlichen Sektors zusehends an politischer Stärke. Unter dem zunehmenden Druck dieses unüberschaubaren Machtbündnisses gaben die kemalistischen Führer schließlich den Weg frei für die Aufhebung des Privilegs ihrer „Republikanischen Volkspartei" als türkischer Einheitspartei. 1946 wurde die „Demokratische Partei" (Demokrat Parti - DP) als Sammelbecken von Industriellen, Kaufleuten und Großgrundbesitzern gegründet, die im wesentlichen auf die Liberalisierung des Außenhandels sowie die uneingeschränkte Öffnung der Türkei für ausländische Investitionen abzielte.[158] In den noch im selben Jahr durchgeführten Wahlen wurde so zum ersten Mal seit

---

156 Cem, İ.: a. a. O., S. 352. Übersetzung v. d. Verf.

157 Steinhaus, K.: a. a. O., S. 143 f.

158 Keskin, H.: a. a. O., S. 74 f.

Gründung der türkischen Republik Pluralismus praktiziert mit der „Demokratischen Partei" als wichtigstem Opponenten der regierenden „Republikanischen Volkspartei".

Von den im gesellschaftlichen System vollzogenen Umwälzungen blieben auch die Dorfinstitute nicht verschont. Vor dem Hintergrund des von Tonguç formulierten Ziels, die Dörfer mittels Erziehung und Bildung zu erwecken, drohten die bereits erfolgversprechenden Dorfinstitute eine ernstzunehmende Gefahr für die Interessen der Großgrundbesitzer zu werden. Indem die Institute zur Zielscheibe einer propagandistischen Hetzkampagne der „Demokratischen Partei" wurden, begann ihre gezielte Demontage bereits im Wahlkampf des Jahres 1946. Die Dorfinstitute wurden als Orte dargestellt, in denen beinahe illegale Geschäfte betrieben wurden.[159] Mädchen und Jungen, hieß es, würden ohne Zustimmung ihrer Eltern verheiratet. Daß die Dorfinstitute von atheistischem Lehrpersonal zu ungläubigen Institutionen gemacht worden seien, die ihre Schüler dem Islam entfremdeten,[160] war jedoch eine der wirksamsten Beschuldigungen, da die Religion eine noch immer bestimmende Rolle im Leben der Bevölkerung spielte.

Die „Republikanische Volkspartei" blieb zwar weiterhin die Regierungspartei, aber der entfesselten Hetzkampagne gegen die Dorfinstitute vermochte sie nicht entgegenzuwirken. Sie gab im Gegenteil dem Druck ihres gestärkten konservativen Flügels nach und übte selbst Kritik an den Dorfinstituten, wobei sie vermutlich auch von der bereits entfachten politischen Atmosphäre zu profitieren hoffte.

Die Preisgabe der Dorfinstitute seitens kemalistischer Politiker, die sich anfangs in der Übernahme von Kritiken ausdrückte, wurde fortgesetzt durch massivere Schritte: Der Erziehungsminister Hasan A. Yücel und der Leiter der Grundschulabteilung İ. Hakkı Tonguç, bedeutende Unterstützer der Dorfinstitute, wurden von ihren Ämtern entlassen bzw. zum Rücktritt genötigt. Nachfolger wurden im Amt

---

159 Balkır, S. E.: Dipten Gelen Ses, a. a. O., S. 465

160 Kirby, F.: Türkiye'de Köy Enstitüleri, Ankara 1962, S. 338

des Erziehungsministers Reşat Ş. Sirer und in der Grundschulabteilung Yunus K. Köni.

Dieser forcierte Wechsel in der politischen Leitung der Dorfinstitute
mußte zweifellos entscheidende Gründe haben. Mit den Worten von
Gedikoğlu lassen sie sich folgendermaßen beschreiben:

*„Es wurde die Notwendigkeit verspürt, Maßnahmen gegen die sich
überall im Land gegen die Dorfinstitute erhebenden Stimmen zu
ergreifen. Der Wechsel von Verantwortlichen auf Regierungsebene
stellte zum einen sicher, daß die politische Haltung der Nachfolger mit
der der 'Republikanischen Volkspartei' eher übereinstimmte, wodurch
weitere Änderungen in bezug auf die Strukturen der Dorfinstitute
problemloser angegangen werden konnten. Zum anderen bot dieser
Wechsel in bezug auf die Einschränkung des Geltungsbereichs der
Dorfinstitute die Möglichkeit, all jene Machtfaktoren auf dem Lande
zufriedenzustellen, die sich von Anfang an gegen die Dorfinstitute
gestellt hatten. Und nicht zuletzt erhoffte man sich dadurch einen
Zuwachs von Parteianhängern."* [161]

Alle von der Regierung in der Folge eingeleiteten Maßnahmen zum
Abbau der Dorfinstitute erfolgten etappenweise und wurden getragen
von Parolen wie „Ausbesserung, Festigung" u. ä.,[162] da es wohl nicht
möglich war, den Mechanismus der in 20 verschiedenen Regionen
des Landes funktionierenden Dorfinstitute von heute auf morgen
stillzulegen.

Ernennung neuen Leitungs- und Lehrpersonals

Nach der Entlassung des progressiven Erziehungsministers Yücel
und des Leiters der Grundschulabteilung Tonguç wurde als nächster
grundlegender Schritt der Wechsel von Institutsleitern in Angriff
genommen. Dies war ein sicherer Weg, um den Dorfinstituten die
erwünschten Funktionsstrukturen nicht mehr einseitig durch externe
Anweisungen, die allzu leicht den Widerstand des Personals der

---

161 Gedikoğlu, Ş.: a. a. O., S. 184. Übersetzung v. d. Verf.

162 Balkır, S. E.: Dipten Gelen Ses, a. a. O., S. 463 ff.

Institute hervorrufen konnten, sondern mit Hilfe intern angesiedelter Kooperateure ungehindert aufzuerlegen. Andererseits ist der Gedanke nicht abwegig, daß dieser Eingriff in die interne Leitung der Institute angesichts zu erwartender Konsequenzen der Regierung Gelegenheit bot, die Verantwortung für die Degeneration der Dorfinstitute diesen selbst zuzuschreiben.

Die Ernennung von neuem Leitungspersonal wurde zunächst an zwei wichtigen Dorfinstituten (Hasanoğlan und Kızılçullu) durchgeführt. Die Berufung neuer Leiter für alle anderen Institute erfolgte in Etappen. Eine Vielzahl ehemaliger Leiter wurde als Lehrer in verschiedene von der Regierung benannte Bildungseinrichtungen des Landes beordert. Andere Leiter wiederum, die die Entwicklung vorausahnten, verließen freiwillig die Institute, bevor sie durch Regierungsbeschluß an neue Dienststellen versetzt werden konnten.[163] Die Regierung beschloß per Gesetz, daß die neuen Leiter der Institute sowie ihre Vertreter lediglich Absolventen pädagogischer Hochschulen oder Universitäten sein mußten.[164] Kenntnisse in bezug auf die ländlichen Lebensbedingungen sollten fortan nicht mehr von Bedeutung sein. Vielmehr wurde behauptet, daß ein erfolgreicher Pädagoge durchaus imstande wäre, in einem Dorfinstitut erfolgreich zu sein.[165] Eine der Besonderheiten der Institute, die sich aus der Adaptation ihrer Organisations- und Funktionsstrukturen an die örtlichen Gegebenheiten ergaben, blieb so unberücksichtigt. Überdies gab man den Weg frei für willkürliche Veränderungen, die ein Leiter nach subjektivem Ermessen ungeachtet der regionsspezifischen Rahmenbedingungen treffen konnte. Unter diesen Bedingungen ist es nicht verwunderlich, wenn ehemalige Schüler berichten, daß in vielen Instituten bereits vor Einführung von Beschlüssen über neue Stundenpläne die Kontinuität vieler begonnener Arbeiten unterbrochen wurde oder sogar oftmals in ein Chaos geriet.

Unter dem neuen Leitungspersonal gab es freilich auch einige, die die vollbrachten oder in Arbeit befindlichen Leistungen der Institute in

---

163 Balkır, S. E.: Dipten Gelen Ses, a. a. O., S. 483

164 Gedikoğlu, Ş.: a. a. O., S. 185

165 Balkır, S. E.: Dipten Gelen Ses, a. a. O., S. 463 ff.

ihrer sozialen und pädagogischen Bedeutung durchaus anzuerkennen verstanden. Aufgrund der Härte der Arbeits- und Lebensbedingungen beantragten sie bei ihren Regierungsstellen jedoch, wieder in städtische Schulen versetzt zu werden.[166]

Im weiteren Verlauf sollten die Lehrer sämtlicher Institute gegen neues Lehrpersonal ausgewechselt werden. Die Besetzung freiwerdender Lehrerstellen in den Instituten erwies sich jedoch als schwierig,[167] weil die Bereitschaft zur Übernahme einer 'gewöhnlichen' Lehrertätigkeit inmitten ländlicher Atmosphäre vermutlich gering war. Um den Bedarf an neuen Lehrern dennoch zu decken, wurde schließlich ein Losverfahren eingeführt. Wie man unschwer folgern kann, waren von dieser Maßnahme insbesondere junge Lehrer betroffen, die ihre Lehrerausbildung erst abgeschlossen hatten. Sie wurden in den Instituten eingesetzt, ob sie nun wollten oder nicht, um ihrerseits Lehrer für die Dörfer auszubilden. Auch diese Regelung wurde von den Parolen des neuen Geistes, wie zum Beispiel 'Festigung', begleitet.

Gesetzliche Einschränkung von Arbeit und Unterricht

Am 25. 4. 1947 wurde vom Erziehungsministerium ein zunächst aus 184 Paragraphen bestehender Dorfinstitutserlaß verabschiedet.[168] Trotz seines beinahe unüberschaubaren Umfanges, wobei die inhaltliche Aussage zusätzlich durch eine ziemlich verworrene Terminologie kompliziert wurde, machte der Erlaß deutlich, in welche Bahnen das künftige pädagogische Anliegen in den Instituten gelenkt werden sollte. Insbesondere die Paragraphen 2 und 4 des Erlasses verdeutlichten ausreichend, daß es nicht mehr galt, die ländlichen Lebensbedingungen zu verbessern, sondern eher die Strukturen der Institute im Sinne einer passiven Anpassung an die ländlichen Gegebenheiten zu verwandeln. Deshalb zielten vor allem diese, wie auch andere Paragraphen auf eine zentral gesteuerte Vereinheitlichung

166 Kirby, F.: Türkiye'de Köy Enstitüleri, a. a. O., S. 338 f.

167 Gedikoğlu, Ş.: a. a. O., S. 185

168 Köy Enstitüleri Yönetmeliği. In: Tebliğler Dergisi, Nr. 431, 28. 4. 1947

von Arbeits- und Unterrichtsstrukturen sämtlicher Institute. Hierbei wurde auch der Bürokratie das uneingeschränkte Recht gewährt, sich in jegliche Angelegenheiten der Dorfinstitute bestimmend einzumischen. In Anlehnung an die Verfahren herkömmlicher Lehrerschulen wurden eine Reihe von Richtlinien zur einheitlichen Regelung u.a. der Leitungsaufgaben aller Aktionsbereiche, Unterrichtsverfahren, Buchführung sowie Ferienzeiten erteilt. Damit wurde ein einschneidender Schritt hinsichtlich der Aufhebung einer emanzipatorischen Regelung unternommen, die es den Instituten ermöglicht hatte, sämtliche Arbeiten stets unter Berücksichtigung sowohl eigener regionsspezifischer Rahmenbedingungen als auch des Kenntnisniveaus von Lehrern und Schülern selbständig und unabhängig voneinander festzulegen.

In Ergänzung der Anweisungen des Erlasses wurde noch im selben Jahr ein neues Bildungsprogramm für die Dorfinstitute verabschiedet.[169] Mit dem Ziel, den Anteil an „Allgemeinbildung" auszudehnen, wurden einige wichtige Neuerungen im Unterrichtsprogramm der Institute vorgenommen und damit die fachspezifischen Anteile und Prioritäten des Bildungsprogramms aus dem Jahre 1943 größtenteils annuliert.

Fremdsprache als Unterrichtsfach wurde im neuen Bildungsprogramm nur noch als freiwilliges Wahlfach vorgesehen. Demgegenüber wurde Religion als Pflichtfach eingeführt[170] und damit den Forderungen der landesweiten Kampagne zur Wiedereinführung des Religionsunterrichts in Schulen Rechnung getragen. Während auf der einen Seite die Stundenzahlen des Türkisch-, Mathematik-, Physik- und Pädagogikunterrichts erhöht wurden, reduzierte das Bildungsprogramm u. a. den wöchentlichen Musik- und Folkloreunterricht und erzielte so für die kulturellen Fächer eine Gesamtstundenzahl von 28 Stunden pro Woche. Dagegen wurden allerdings die

---

169 Köy Enstitüleri Öğretim Programı. In.: Gedikoğlu, Ş.: a. a. O., S. 192 ff.

170 Aufgrund des kemalistischen Laizismusverständnisses waren die Schulen säkularisiert und die religiöse Erziehung aus allen Schulen verbannt worden. Infolge der politischen Umwälzungen wurde nach 1946 der Religionsunterricht in allen Grundschulen und später auch in anderen Schulen wieder eingeführt.

Stundenzahlen des Landwirtschafts- und Technikunterrichts von insgesamt 22 Wochenstunden auf 18 reduziert.

Anstelle von 'praktischer Arbeit' wurde im neuen Bildungsprogramm der Terminus 'Übung' eingeführt. Welche Konsequenzen diese neue Bezeichnung hinsichtlich der Durchführung des Unterrichts hatte, ist leicht vorstellbar: Nicht nur das Wesen der praktischen Arbeit sollte durch eine Verlagerung dieses Unterrichts von Feldern und Werkstätten in die Klassenräume geändert werden. Darüber hinaus wurde dadurch vor allem deutlich gemacht, daß die pädagogischen Ziele von ernsthafter praktischer Arbeit basierend auf ihrer unmittelbaren Verflechtung mit dem theoretischen Hintergrund als besonderes Merkmal des Erziehungs- und Bildungsverständnisses in den Instituten nicht mehr maßgebende Kriterien waren, weder bei der Gestaltung des Alltags im allgemeinen noch des Unterrichts im besonderen.

Über die veränderten Strukturen der Dorfinstitute

Die praktische Umsetzung der Anweisungen sowohl des Erlasses als auch des neuen Bildungsprogramms hätten allein genügt, um eine Reihe von entscheidenden Veränderungen im Alltag der Institute herbeizuführen. Aber der entfachte Prozeß gegen die Dorfinstitute kam nicht zum Stillstand. Darüber hinaus wurden zusätzlich weitere externe Weisungen verabschiedet, die zusammen mit den internen Beschlüssen der Institutsleitungen endgültig bewirkten, daß von den Merkmalen der Institute tatsächlich nur noch ihr Name als Hinweis auf eine Intention übrig blieb, die kaum mehr von Bedeutung war. Nachfolgend werde ich versuchen, auf einige wesentliche Aspekte des neuen Alltags einzugehen. Sie zeigen nicht nur, in welchem Ausmaß die Mechanismen und Routinen der Institute ihrem Wesen entfremdet wurden, sondern geben überdies Zeugnis ab von der praktischen erziehungs- und bildungsrelevanten Konsequenz einer politischen Haltung, die sich vollends in den Dienst herrschender Interessen im Land stellte.

Da sich die Besonderheiten der Institute vor allem in ihrem pädagogischen Verständnis über die Gestaltung und Durchführung des Unterrichts manifestierten, mußte für die Verantwortlichen im Bildungswesen naheliegen, die entscheidenden Veränderungen zur Anpassung der Institute an Ziele und Inhalte herkömmlicher Schulen in diesem Aktionsbereich zu forcieren. Gesetzlich wurde dieser Akt bereits mit dem Dorfinstitutserlaß und dem Bildungsprogramm vollzogen.

Insbesondere die Abschaffung der praktischen Arbeit und die Einführung der Bezeichnung 'Übung' konnte freilich nicht nur eine sprachliche Neuorientierung auf bürokratischer Ebene bleiben. Ihr Praxisbezug drückte sich unmittelbar in der Konsequenz aus, daß der Anteil der theoretischen Fächer erhöht wurde, allerdings basierend auf einer Unterrichtsmethode, die das selbständige und kreative Denken ersetzte durch den Ansporn zum Auswendiglernen.[171] Dementsprechend wurden die Werkstätten, Gärten u. ä. Unterrichtseinrichtungen der Institute tatsächlich zu sonntäglichen Besichtigungsstätten.[172] Welche Formen der Unterricht angenommen hatte, vergegenwärtigt Baykurt folgendermaßen:

„Es war sehr komisch, wir säten nun den Weizen nicht mehr auf dem Feld, sondern in einem Blumentopf. Den stellten wir dann ans Fenster und sollten beobachten, was daraus würde. Weizen oder etwas anderes? Als ob wir dies nicht bereits wußten. Im Tierzuchtunterricht zeichnete man z. B. ein Pferd an die Tafel, so versuchte man uns etwas über Pferde beizubringen. Wir machten nur noch Übungen, d. h. wir machten unseren Unterricht wie in der 'Übungsschule'.
Der Schmiedeunterricht z. B. wurde fortgesetzt, aber wie? Man gab uns ein Stück eckiges Eisen, daraus machten wir ein rundes Stück. Höchstens 10 Zentimeter groß. Was war das, wozu brauchte man das? Wir mauerten eine Wand ca. 2 m hoch und bekamen unsere Note dafür. Dann sagte man uns 'Abreißen!' und wir rissen mit weinenden Augen das ab, was wir gerade gemacht hatten." [173]

---

171 Kudret, C.: a. a. O., S. 107

172 İşyar, İ.: Köy Enstitüleri ve Politeknik Eğitim. In: „Politika" vom 21. 4. 1978

173 In: Die Dorfinstitute in der Türkei. Hrsg.: Türkischer Lehrerverein, Köln 1985, S. 42 f.

Demontiert wurde auch die Art der Durchführung von freien Lesestunden und damit zugleich ihr pädagogischer Gehalt. Laut Anweisung des Ministeriums sollte nur noch Literatur gelesen werden, die ausschließlich als Unterrichtsmaterial anerkannt war. Gleichzeitig verabschiedete das Ministerium eine umfangreiche Liste mit als 'ungeeignet' beurteilten Buchtiteln. Die Institute wurden aufgefordert, diese Bücher unverzüglich aus dem Bestand ihrer Bibliotheken zu entfernen. Was aber hieß entfernen? In Ausschüssen kam man nach Beratungen überein, daß diese Bücher, die weitgehend übersetzte Klassiker aus dem westeuropäischen und russischen Sprachraum waren, tatsächlich zum Teil nicht nur „über dem geistigen und kulturellen Niveau der Schüler" lagen, sondern größtenteils schlimmer noch: sie wiegelten auf zum Kommunismus.[174] Im Rahmen einer Kampagne wurden alle diese Bücher buchstäblich verbrannt! Die Freiheit des Denkens, die man im Falle der Institute weiterhin propagierte, wurde so zur Farce.

Angesichts eines solchen Verbrechens erscheinen andere Veränderungen in bezug auf die Kleidung der Schüler, wie zum Beispiel das Ersetzen der einheitlichen Arbeitsanzüge durch maßgeschneiderte Anzüge mit Krawatten für männliche und Kittel mit weißem Kragen für weibliche Schüler recht harmlos. Und dennoch trugen auch derartige Veränderungen zweifelsohne dazu bei, das Erscheinungsbild des Alltags in einen anderen Rahmen zu rücken. Überdies bewirkten sie, daß die klassischen Normen bezüglich des Erscheinens eines Lehrers in 'städtischer Kleidung' im Unterbewußtsein der angehenden Lehrer verankert wurden.

Andererseits gehörte zur Erziehung angehender Lehrer auch und vor allem ihre geistige Dressur, wie sie sich insbesondere aus der Abschaffung der Lesefreiheit und der Aufhebung von Unterrichtsverfahren zur Förderung des selbständigen Denkens herleiten läßt. Es ging dem herrschenden Interesse nicht darum, die in den Instituten auszubildenden Lehrer in den Dienst der Bedürfnisse der ländlichen Bewohner zu stellen. Vielmehr wurden die gängigen Ziele herkömmlicher Lehrerausbildungsstätten, Lehrer

---

174 Kudret, C.: a. a. O., S. 107

für pädagogische Gehalte auszubilden, durch die die politischen, sozialen und kulturellen Ansprüche der herrschenden Gruppen und Institutionen geltend gemacht wurden, den Strukturen der Institute insoweit praktisch zugrundegelegt, als neben Unterrichtsmethoden und den freien Lesestunden zugleich Formen weiterer Aktionsfelder zur Motivierung der Artikulationsfähigkeit der Schüler zwar nicht abgeschafft, aber doch aufgrund neuer Gestaltungszwänge ihrem Sinn nach entleert wurden.

Die Dorfinstitutszeitschriften zum Beispiel, in denen man Texte und Gedichte von Schülern auch mit dem pädagogischen Hintergrund veröffentlichte, Fähigkeiten zu fördern und vitale Antriebe zu vergeistigen, wurden weiterhin publiziert. Aber sie wurden strenger Zensur unterworfen, da man sie von kommunistischer und sonstiger 'schädlicher' Propaganda bereinigen wollte.[20] Zu den Diskussionsveranstaltungen kamen zwar Lehrer und Schüler noch zusammen, jedoch nicht mehr, um gemeinsam die Ereignisse zu besprechen und gegenseitig Versäumnisse zu kritisieren. Es waren vielmehr die Institutsleiter, die Reden hielten, etwa über die Pflichten eines Nationalisten, und Tadel verteilten. Überhaupt wurde jegliche Kritik von seiten der Schüler strengstens untersagt, denn es hieß:

„Das ist unverschämt. Wenn sie dies jetzt tun, werden sie später auch den Gouverneur kritisieren etc." [21]

Unter diesen Interaktionsvoraussetzungen zwischen Schülern und Lehrern erübrigt sich der Hinweis, daß vom Prinzip Gleichberechtigung nur die Erinnerung übrig blieb. Nicht einmal mehr die Mahlzeiten wurden gemeinsam eingenommen.[22]

---

20 In: Arkadaş. Publikation des Türkischen Lehrervereins, Köln, März 1985, Heft 10

21 In: Die Dorfinstitute in der Türkei, a. a. O.

22 ebd.

Zum Abbau von Aufgabenfeldern der Absolventen

Am 3. 9. 1947 trat ein Gesetz in Kraft, das die Zurücknahme bereits verteilten Bodens mitsamt der zugewiesenen Produktionsmittel an Lehrer aus den Dorfinstituten legitimierte und weitere Verteilungen von Boden sowie Produktionsmitteln an Absolventen untersagte.[178] Offiziell wurde die Verabschiedung eines solchen Gesetzes mit dem fadenscheinigen Argument gerechtfertigt, daß die Lehrer anstatt sich mit den Schülern intensiver zu beschäftigen, mehr Zeit in die Bearbeitung des Bodens investiert hätten. Den Zeitaufwand führte man wiederum darauf zurück, daß es schwierig sei, geeignetes bzw. fruchtbares Land für die Lehrer zu finden. In der Tat war es erfahrungsgemäß nicht einfach, den Lehrern für ihre Zwecke geeignetes Land zuzuweisen. Allerdings resultierte dieses Problem nicht aus Mangel an fruchtbarem Boden. Die Zuweisung entsprechenden Bodens erforderte seine Verstaatlichung, die wiederum am Widerstand der Großgrundbesitzer scheiterte. Die Verstaatlichungskommission, die sich zusammensetzte aus Beamten vom Erziehungsministerium, Dorfvorstehern sowie Lehrern, kam demzufolge oftmals nicht umhin, dem Großgrundbesitzer gegen beträchtliche Summen Boden abzukaufen. Zuweilen wohl wissend, daß es sich um unfruchtbaren Boden handelte.[179]

Obwohl das Gesetz nicht explizit den Aufgabenrahmen des Lehrers einschränkte, ist seine Wirkung unschwer vorstellbar. Indem den Lehrern aus den Instituten die Möglichkeit verwehrt wurde, mit Hilfe des Bodens und der Werkzeuge Erziehungsstile ähnlich den ursprünglichen Verfahren der Institute auf dem Land einzuführen, wurde seine Lehrtätigkeit lediglich auf Klassenräume reduziert. Sieht man die Bearbeitung des Bodens vor dem Hintergrund der einst formulierten Aufgabenstellung, wonach die aufklärerische Funktion eines Lehrers durch seine fachmännische Betätigung in jenen Aktionsfeldern zu verwirklichen war, die eben im Mittelpunkt

---

178 Makal, M.: Köy Enstitüleri ve Ötesi, a. a. O., S. 61

179 Gedikoğlu, Ş.: a. a. O., S. 204

des ländlichen Lebens standen, wurde damit gleichzeitig das Gründungsziel der Institute endgültig beschnitten. Das Ziel nämlich, das durch die Integration von Problemen der ländlichen Bevölkerung in die Erziehungs- und Bildungsarbeit die Verbesserung der sozialen und ökonomischen Strukturen des ländlichen Lebens bewirken sollte.

Zum Sieg der „Demokratischen Partei" (DP)

Mit dem Ausgang der Parlamentswahlen von 1950 endete die Ära der „Republikanischen Volkspartei" als Regierungspartei seit Gründung der türkischen Republik im Jahre 1923. Die „Demokratische Partei" hatte einen überwältigenden Sieg errungen und konnte nunmehr die Regierungsgewalt übernehmen. Überraschend war dieser Sieg keineswegs. Er wurde nachvollziehbar bedingt durch verschiedene Entwicklungen, die sich zu einem beträchtlichen Teil nicht nur außerhalb des Verantwortungsspektrums der „Republikanischen Volkspartei" ereigneten.

Nach der Einführung des Mehrparteiensystems hatte auch unter dem Einfluß politisch gestärkter konservativer Kreise der unkontrollierte Import ausländischer Waren zugenommen. Steinhaus führt diese Entwicklung zugleich zurück auf die Aufhebung von Importkontingentierungen im Jahre 1946.[180] Der Versuch der türkischen Regierung, diesem Trend durch eine massive Abwertung der türkischen Währung entgegenzuwirken, schlug fehl. Dadurch wurde im Gegenteil dem privatwirtschaftlichen Sektor ermöglicht, weitere beträchtliche Spekulationsgewinne durch Verkauf gehorteter Waren zu erzielen. Andererseits auch begünstigt durch den Schwund an Regierungskontrolle über den Handel, stiegen die Preise für einheimische Waren in unüberschaubare Dimensionen.[181] Unter diesen Bedingungen und der gleichzeitigen Lebensmittelknappheit waren die Lebenshaltungskosten für die Mehrheit der Bevölkerung unerschwinglich gestiegen. Der in der Folge von der türkischen Regierung unternommene Versuch, die Importwelle etwa durch den Rückgriff auf Goldreserven

---

180 Steinhaus, K.: a. a. O., S. 153
181 ebd.

zu finanzieren, verfehlte wiederum seine Wirkung ohne auch nur den geringsten gesamtwirtschaftlichen Nutzen zu bewirken. Weitere Maßnahmen der Regierung, dem Problem der passiven Zahlungsbilanz beizukommen, erfolgten duch Kapitalimporte in Form von Auslandsanleihen. Auf diese Entwicklung ist es zurückzuführen, daß die Türkei mit fast 190 Millionen Dollar Auslandsschulden im Jahre 1950[182] erneut in die Abhängigkeit bzw. unter die Auflagen des ausländischen Kapitals geriet.

Zweifelsohne war die wirtschaftliche Anlehnung der Türkei an westliche Nationen mit durch die von Stalin initiierte Auflösung des Freundschaftsvertrages zwischen der Sowjetunion und der Türkei begünstigt worden. Vorausgegangen war die von der Türkei verweigerte Gewährung von Sonderrechten an die Sowjetunion hinsichtlich der türkischen Meerengen.[183]

Nichtsdestotrotz muß hervorgehoben werden, daß sich die Türkei ohnehin wesentlich stärker um eine Zusammenarbeit mit dem Westen, insbesondere mit den USA, bemühte. Eine Tatsache, die u. a. ableitbar ist aus dem geheimen bilateralen Militärabkommen zwischen den USA und der Türkei, das 1947 abgeschlossen wurde.[184] Die Vorstellungen der USA hinsichtlich der türkischen Wirtschaft, die auch im Zusammenhang mit den der Türkei gewährten Marshall-Plan-Krediten ausgedrückt wurden, stellten primär den Agrar- und Rohstoffsektor in den Vordergrund. Dazu bemerkt Harris, daß der Türkei die Rolle eines Agrarprodukte- und Rohstofflieferanten für das Europa der Nachkriegszeit übertragen werden sollte.[185] Die „Demokratische Partei" wurde in der Türkei zum Sprachrohr der USA und übernahm zugleich die aktive Vertretung US-amerikanischer Pläne und Interessen. Die Realisierung amerikanischer Pläne erforderte gleichsam die Stabilisierung des politischen Einflusses der „Demokratischen Partei".

---

182 ebd., S. 154

183 Keskin, H.: a. a. O., S.111

184 Werle, R.: „Modell" Türkei. Ein Land wird kaputtsaniert, Hamburg 1983, S. 17 f.

185 Harris, G.S.: Troubled Alliance. Turkish-American Problems in Historical Perspective 1945 - 1971, Washington D.C. 1972, S. 31 f.

Die Ablösung der „Republikanischen Volkspartei" durch die „Demo-kratische Partei" wurde insofern auch erleichtert, als die Lebensbedin-gungen der Bevölkerung, insbesondere der ländlichen, schlechter denn je waren. Im Zusammenhang mit dem Unmut der Bevölkerung an der kemalistischen Führung war auch die 'Verwestlichungstendenz' der Regierung von entscheidender Bedeutung. Die Anlehnung an den Westen, die von der Bevölkerung aufgrund der Verschleierung ihrer ökonomischen Zusammenhänge lediglich anhand äußerer Merkmale wahrgenommen wurde, rief immer wieder Ablehnung hervor, die sich u. a. in einem verstärkten Wiederaufleben der Religion ausdrückte. Angesichts dieser Situation war es für die Vertreter des Großgrundbesitzes ein leichtes, die ohnehin politisch und sozial verwahrloste ländliche Bevölkerung durch scheinbare Besinnung auf religiöse Werte gegen die „Republikanische Volkspartei" auszuspielen und die eigene Führung zu festigen.

Die „Demokratische Partei" mit Menderes als Ministerpräsidenten etablierte eine parlamentarisch geschminkte Diktatur. Menderes ver-schärfte die Verfolgung der Kommunisten, wohl auch inspiriert von ähnlichem Vorgehen in den USA, und vollendete die militärische und wirtschaftliche Unterwerfung des Landes unter amerikanische Interessen. Ein Zustand, der noch bis heute anhält. Beendet wurde allerdings 10 Jahre später auch die Ära der „Demokratischen Partei" mit der Hinrichtung des Ministerpräsidenten Menderes nach einem Militärputsch.

Was aber geschah mit den Dorfinstituten? Ihre bis zum Sieg der „Demokratischen Partei" skizzierte Entwicklung zeigt, daß sie unter der Regie der kemalistischen „Republikanischen Volkspartei" ohnehin weitgehend demontiert worden waren. Insofern ist es nicht haltbar, wie mancherorts behauptet wurde bzw. immer noch wird, die Demontage der Dorfinstitute allein der Verantwortung der „Demokratischen Partei" zuzuschreiben. Die Entstellung der Dorfinstitute ist aber auch nicht allein auf den „Charakterzug" eines einzigen führenden Repräsentanten der „Republikanischen Volkspartei", des Ministerpräsidenten İnönü zurückführbar, weil „er immer auf der Seite der Stärkeren in seiner Partei stand."[31] Die Dorfinstitute wurden vielmehr Opfer einer in den parteiideologischen Wurzeln verankerten Unzulänglichkeit der kemalistischen Politik, die sich in erster Linie in der chronischen Vernachlässigung der bäuerlichen sowie werktätigen Bevölkerung auf der einen Seite und der systematisch massiven Unterstützung der Interessen von Angehörigen der Mittel- und Oberschicht auf der anderen Seite ausdrückte. In diesen Kontext ist auch die Niederlage der „Republikanischen Volkspartei" selbst anzusiedeln.

Der begonnene Entstellungsprozeß wurde unter der Führung der „Demokratischen Volkspartei", die von Anfang an kein Geheimnis aus ihrer Ablehnung der Dorfinstitute gemacht hatte, mit nur noch zwei entscheidenden Schritten gezielt vollendet.

Abschaffung der Koedukation

Der Ansatz der Dorfinstitute war zugleich der erste Versuch in der Gesellschaft der Türkei, die Koedukation von Frauen und Männern auf der Internatsebene zu verwirklichen. Die gesellschaftliche Bedeutung der Koedukation, wie sie in den Dorfinstituten praktiziert wurde, ist unschwer ableitbar aus der emanzipatorischen Erkenntnis, daß sich gesellschaftliche Strukturen ohne die Gleichbehandlung von Frauen und Männern nicht verändern lassen. Trotz verschiedener Mängel, die ich bereits im Zusammenhang mit der Durchführung technischer Fächer erwähnte, muß der Ansatz der Institute um so mehr gewürdigt werden, als er einmalig und angesichts der gesellschaftlichen Vorbehalte gegenüber der gemeinsamen Erziehung und Bildung von Männern und Frauen vorbildlich war.

Die Koedukation, ein Dorn im Auge reaktionärer Kreise, wurde als erstes von der „Demokratischen Partei" abgeschafft. Die Schülerinnen aller Institute wurden im Dorfinstitut Kızılçullu zusammengefaßt.

---

31 Keskin, H.: a. a. O., S. 105

Die männlichen Schüler dieses Instituts verteilte man in andere Institute.[187] Aufschlußreich für das Verständnis damaliger Regierungsverantwortlicher hinsichtlich der Bedeutung von Erziehung und Bildung ist die Tatsache, daß nach der Anerkennung der Türkei als Nato-Mitglied das Dorfinstitut Kızılçullu in ein militärisches Depot US-amerikanischer Streitkräfte umgewandelt wurde. Aus diesem Grunde wurden die Schülerinnen wiederum in ein anderes Institut bei Bolu verlegt.

Umwandlung der Dorfinstitute in Lehrerschulen

Nachdem sämtliche Strukturen sowie Prinzipien und Ziele der Dorfinstitute ihrem Wesen entfremdet oder gänzlich aufgehoben waren, gab es keinerlei Kriterien mehr, die sie von herkömmlichen Lehrerschulen unterschieden. Insofern war die Abschaffung der Dorfinstitute nur noch ein formeller Akt, der sich lediglich mit der Änderung ihrer Bezeichnung verband. Auch dieser allerletzte Schritt wurde am 27. 1. 1954 durch die Verabschiedung eines Gesetzes unternommen, das die formelle Existenz der Dorfinstitute endgültig beendete.[188] Die Bezeichnung der Dorfinstitute als „Lehrerschulen" getrennt nach Geschlechtern wurde damit rechtskräftig.

---

187 Baykurt, F.: Köy Enstitüleri ve İçtenlik. „Cumhuriyet" vom 17. 4. 1971
188 Gedikoğlu, Ş.: a. a. O., S. 224

Eine Würdigung der Dorfinstitute

Das Thema „Dorfinstitute" wurde im türkischen Sprachraum nachträglich Objekt zahlreicher Diskussionen. Ihre Ergebnisse im Hinblick auf eine angemessene Würdigung der Dorfinstitute bleiben dennoch spärlich. Die Unzulänglichkeiten sind nicht, wie man annehmen könnte, das zwangsläufige Resultat konträrer politischer Standpunkte, in deren Fahrwasser die Diskussionsansätze entstanden. Es ist eher die Einseitigkeit als Charakteristikum der Bezugsrahmen, die die Qualität der Reflexionen über die Dorfinstitute kennzeichnet. Wenn man von den Beiträgen reaktionärer Kreise einmal absieht und primär den Auseinandersetzungen des fortschrittlichen Lagers nachgeht, so finden sich im besonderen zwei konträre Positionen.

Von den einen wird die Bedeutung der Dorfinstitute mit romantisch-verklärtem Blick vollkommen undifferenziert über Gebühr emporgehoben, so daß sie beinahe allmächtig erscheinend, in jeder Hinsicht unantastbar werden. Andere wiederum sehen in den Dorfinstituten lediglich das Werk einer naiv-bürgerlichen Gesinnung. Ohne auch nur im geringsten die internen Abläufe zu beachten, steht für die Vertreter letzterer Position der Realitätsgehalt gesellschaftsbezogener Ziele der Institute im Zentrum des Interesses. Aufgrund des Scheiterns dieser Ziele angesichts politischer und sozialer Strukturen werden den Instituten infolgedessen jedwede pädagogische Wirksamkeit oder auch nur Bedeutung abgesprochen.

Aber ist nicht ebenso zu fragen, ob es nicht gleichzeitig an ihren Organisations- und Funktionsstrukturen gelegen hat, daß die Dorfinstitute zur Zielscheibe einer derart massiven Hetzkampagne wurden. Denn eine die bestehenden gesellschaftlichen Strukturen infrage stellende Einrichtung, kann nach außen hin nur in dem Maße bedrohlich sein, wenn sie in der Regelung und Gestaltung interner Abläufe tatsächlich effizient ist. Und es drängt sich schließlich die Frage auf, wo, wenn nicht in den Instituten selbst, aus den einst sozial vernachlässigten Bauernkindern, überwiegend politisch interessierte und engagierte Menschen wurden. Daß diese Frage keineswegs unberechtigt ist, bezeugt u. a. eine von Bayrak veröffentlichte Aufstellung über mindestens 50 der namhaftesten Schriftsteller der Türkei, die einst Schüler der Dorfinstitute waren.[189] Darüber hinaus liegen eine weitere Reihe von Biographien über ehemalige Institutsschüler vor, die entsprechend aufschlußreich sind.[190]

Der Bruch mit der herkömmlichen Schule

Betrachtet man die Dorfinstitute aus der Perspektive ihres von Tonguç verfaßten theoretischen Hintergrunds, so sind sie gleichsam das Beispiel einer beinahe heroischen Kampfansage gegen die Unwissenheit als einem wichtigen Stützpfeiler der Unterdrückung des Menschen. Auch wenn Tonguç bei der praktischen Umsetzung seines Vorhabens auf die Zustimmung von Regierungsvertretern angewiesen war und auch wenn man nicht ausschließen kann, daß Regierungskreise durchaus parteipolitische Interessen mit den Dorfinstituten verbanden, bleibt Tonguçs Interesse an der Erziehung und Bildung von Unterdrückten das initiierende Moment. Er war auch derjenige, der die internen Abläufe bis zum Beginn der Demontage maßgeblich theoretisch anleitete und die praktische Hilfestellung vorantrieb. Insofern muß jeder Erfolg der Dorfinstitute im Kontext einer Würdigung auch als besonderes Verdienst von Tonguç betrachtet werden.
Indem man die Erziehung und Bildung in der Geschichte des türkischen Bildungswesens erstmals in den Dienst von Unterdrückten stellte, wurde mit den Dorfinstituten ein entscheidender Bruch mit

---

189 Bayrak, M.: Köy Enstitülü Sanatçılar. In: Yeni Toplum. Özel Sayı, o. O., April 1976; S. 169 - 266

190 Bayrak, M.: Köy Enstitüleri Kuşağı. In: Yeni Ortam, o. O. vom 17. 4. 1973

den herkömmlichen Schulen vollzogen. Es war jedoch nicht nur die konsequente Auswahl der Zielgruppe, die die Institute von den herkömmlichen Schulen trennte. Der Bruch manifestierte sich vor allem in dem neuen pädagogischen Verständnis, das sich ausgehend von einer Verbindung zwischen Erziehung und Bildung unmittelbar auf die Verflechtung von Wissen mit Handeln und Bildung mit Können richtete. Basierend auf diesem elementaren Unterschied zur herkömmlichen Schule, wo sich Bildung ohne erzieherische Fundamente primär an einer Anhäufung von praxisfremdem Wissen orientiert, waren die Dorfinstitute in ihrer Art einmalig. Und sie waren außergewöhnlich zugleich. Dies um so mehr, als es ihnen gelang, ein gemeinschaftliches Sozialgefüge zu praktizieren, das in jeder Hinsicht im Widerspruch zu den Gegebenheiten innerhalb des gesellschaftlichen Systems stand.

Zu Theorie und Praxis

Aus der Sicht einer emanzipatorischen Pädagogik muß der Schule als Erziehungsstätte die Aufgabe zukommen, ihre Schüler zur Selbständigkeit zu führen. Zur Selbständigkeit kann ein Mensch jedoch nur gelangen, wenn er Aktionsfelder vorfindet, die es ihm ermöglichen können, aus eigener Kraft Situationen unterschiedlicher Komplexität zu bewältigen. Es ist jedoch in ihrem Verständnis als bloße Unterrichtsanstalt begründet, daß die herkömmliche Schule kaum als eine Stätte des Handelns erlebt werden kann. In der herkömmlichen Schule ist vielmehr alles im Vorfeld des Schuleintritts derart durchdacht und organisiert, daß sich die Schüler lediglich auf die Schulbank zu setzen brauchen. Am Unterricht selbst, der als Akt des Lernens bezeichnet wird, ist nicht nur die einseitige Fixierung auf abstrakte Wissensvermittlung zu kritisieren, die konsequenterweise die physischen Fähigkeiten des Menschen verkümmern läßt. Kritisiert werden muß u. a. eine weitere Eigenschaft des Unterrichts, die sich auszeichnet durch eine Kumulation zerfetzter und zusammenhangsloser Disziplinen. Da die meisten Beschäftigungen von ihren vielseitigen Zusammenhängen losgelöst erlebt werden, ist es andererseits nicht verwunderlich, wenn

Erscheinungen und Ereignisse in Gedanken kaum ganzheitlich erfaßt werden können.

Diese Überlegungen über die Defizite der herkömmlichen Schule habe ich vorangestellt, weil sich vor diesem Hintergrund der Argumentationsrahmen zusammensetzt, aus dem die Bedeutung der pädagogischen Merkmale der Dorfinstitute ableitbar sind.

Die Grundlage der pädagogischen Besonderheiten der Institute bildete vor allem die Einbeziehung der praktischen Arbeit. Die Arbeit aber, deren hohen Anteil ich in den vorangegangenen Abschnitten immer wieder zur Sprache brachte, war gleichzeitig einer der Aspekte, der die hauptsächlichen Zweifel an der pädagogischen Tauglichkeit der Institute schon in der Phase ihres Bestehens hervorrief. Befremdet von dem Anteil an Arbeit im Unterricht, prophezeiten die Kritiker, daß die Schüler auf geistigem Gebiet unweigerlich verkümmern würden. Selbst Opfer der traditionellen Erziehung, waren sie weder imstande, den Zusammenhang von praktischer Arbeit und Theorie herzustellen noch anzuerkennen, daß es im Interesse einer echten Erziehung läge, sowohl die Fähigkeiten des Verstandes als auch der Hände gleichwertig herauszubilden. Diese Ablehnung von Erziehung durch Arbeit war andererseits insoweit nicht verwunderlich, weil sie gleichzeitig den niedrigen Status widerspiegelt, der den manuellen Tätigkeiten gesellschaftlich generell eingeräumt wurde bzw. immer noch wird. Und in der Tat war und ist die allgemein verbreitete Form von physischer Arbeit kaum eine andere Beschäftigung als die monotone Teilnahme an einem mechanisch-manuellen Prozeß, der keinen geistigen Einsatz fordert und dessen Anfang und Ende die Betroffenen nicht zu überschauen brauchten bzw. auch heute nicht brauchen. Insofern ist tatsächlich jedwede Arbeit, deren Prozesse in ein Kaleidoskop zusammenhangsloser Elemente zergliedert werden, nicht nur im Hinblick auf geistige Prozesse unproduktiv, sondern führt zugleich unweigerlich zu jener Kluft, die den Menschen sich selbst erfahren läßt als ein in seinem Wesen völlig zusammenhangsloses Geschöpf.

Bezogen auf die Arbeit in den Instituten machte ich bereits im Zusammenhang mit der Unterrichtsdurchführung deutlich, daß sie keineswegs abstrakt war, sondern in ihrem Zusammenhang und in ihrer Ganzheit immer einen konkreten Prozeß darstellte. Und es waren keine nutzlosen Dinge, die hergestellt wurden, sondern stets mit einem praktischen Nutzen verbundene Gegenstände. So wurde es den Schülern ermöglicht, ihre praktische Beschäftigung sowohl ganzheitlich zu erleben, als auch ihren Realitätsbezug zu erfahren. Zweifellos darf es nicht das Ziel einer emanzipatorischen Pädagogik sein, die Bedeutung des Unterrichts nur an seinem unmittelbaren praktischen Nutzen zu messen. Denn eine Pädagogik, die Wissen nur dann als echtes Wissen anerkennt, wenn es sich in jedem Fall mit einem praktischen Nutzen verbinden läßt, würde nicht zuletzt eine feindselige Haltung gegenüber Wissenschaft allgemein bedeuten. Aber andererseits ist auch zu überlegen, ob es nicht leichter ist, einen Schüler der ichbezogenen Gewinnsucht- oder passiven Konsumentenmentalität fernzuhalten, wenn er sich zum Beispiel selbst am Bau seiner Schule und an ihrer Ausstattung und dergleichen beteiligt. Zu beachten wäre schließlich auch, daß es kaum Kenntnisse geben kann, die sich nicht in derartigen Arbeitsprozessen vermitteln ließen.

Was das Verhältnis zwischen Arbeit und Theorie betrifft, so erwähnte ich bereits, daß jede praktische Arbeit unmittelbar mit mindestens einem theoretischen Unterrichtsthema verbunden wurde und umgekehrt. Auch hieran wird deutlich, daß nicht, wie manche annahmen, lediglich die Herausbildung praktischer Fertigkeiten im Zentrum des pädagogischen Anliegens stand. Die pädagogische Funktion von Erziehung durch Arbeit begründete sich vielmehr in der dynamischen Eigenschaft von Arbeit in Hinsicht auf Motivation und Selbständigkeit als wesentliche Momente der Erziehung. Insofern muß die Beteiligung der Schüler an Arbeit nicht als das Ziel betrachtet werden, sondern als ein besonderes pädagogisches Verfahren zur ganzheitlichen Erziehung und Bildung. In diesem Zusammenhang findet man in einem am 4. 12. 1944 von Tonguç an die Institutsleiter verschickten Rundschreiben folgenden Satz:

„Jede Arbeit, die durch Eure Hände entsteht, muß zuerst in Euren Köpfen geformt werden.“ [191]

---

191 In: Mektuplarla Köy Enstitüsü Yılları, o. O., 1976, S. 93. Übersetzung v. d. Verf.

Dieser Auszug macht hinreichend deutlich, wie bedeutungsvoll die geistigen Prozesse waren. Sie hatten sogar insoweit einen vorrangigen Stellenwert, da sie als Momente der Reflexion unerläßlich waren, um der praktischen Arbeit hinsichtlich ihrer erziehenden und bildenden Funktion Geltung zu verschaffen. Außerdem wurde im Zusammenhang mit der Durchführung des Unterrichts gleichfalls deutlich gemacht, daß nicht nur die praktische Arbeit mit dem theoretischen Hintergrund unmittelbar verbunden wurde, sondern auch die theoretischen Themen wurden weitgehend miteinander verflochten. Dies erscheint der einzig pädagogisch gangbare Weg, wenn Sachfragen im Hinblick auf ihre Ursachen und Wirkungen nicht als voneinander isolierte Komplexe betrachtet, sondern im Kontext ihrer interdisziplinären Wechselwirkungen und damit in ihren Zusammenhängen erfaßbar werden sollen.

Dabei ist von nicht geringer pädagogischer Bedeutung, daß man nicht nur die technisch-naturwissenschaftlichen Fächer in der praktischen Arbeit unmittelbar im sozialen Umfeld der Schüler ansetzte, sondern auch die Themen weiterer theoretischer Fächer. Mit diesem Verfahren wurde durchaus den Grundregeln der pädagogischen Psychologie entsprochen, die besagen, daß als Ausgangspunkt für die Beschäftigungen des Schülers Fakten und Geschehnisse des täglichen Lebens dienen müssen, wenn die Unterrichtsinhalte nicht alsbald aus dem Gedächtnis verschwinden sollen.[192]

Nichtsdestotrotz könnte der Einwand erhoben werden, daß die einseitige Fixierung auf die jeweilige Gegebenheit auch die Gefahr einer zu starken Identifizierung mit den lokalen Geschehnissen und Problemen und folglich ihre Überbewertung implizieren kann. In den Instituten wurden aber neben intensiven Gesprächen zwischen Lehrern und Schülern über gesamtgesellschaftliche Fragen im Rahmen der freien Lesestunden auch Bücher gelesen und besprochen, die man zwar unter Berücksichtigung des sozialen Alltags der Schüler auswählte, deren Themen aber dennoch nicht identisch sein konnten

192 Vgl. u. a. Galperin, P. J.: Die Psychologie des Denkens und die Lehre von der etappenweisen Ausbildung geistiger Handlungen. In: Untersuchungen des Denkens in der sowjetischen Psychologie, Berlin 1967

mit den Gegebenheiten der jeweiligen Lokalität. Auf diese Weise
wurde der Gefahr der Einseitigkeit entgegengewirkt.

Zum Prinzip Gleichberechtigung

Keine Demokratie hat praktischen Wert, wenn sie nicht die Gleichberechtigung aller innerhalb ihres gesellschaftlichen Bezugsrahmens
partizipierender Menschen als ihr Grundprinzip gewährleistet. Aber
eine Gleichberechtigung, die sich lediglich im Rahmen gesetzlicher
Regelungen artikuliert, bleibt konsequenterweise unauslebbar, sofern
sie sich nicht in allen gesellschaftlichen Institutionen gleichsam
als Sozialisierung zum demokratischen Denken und Handeln
praktizieren läßt. Gerade mit Blick auf die Herausbildung eines
demokratischen Handlungsverständnisses kommt dabei der Schule als
einer bedeutsamen Erziehungsinstitution keine geringere Aufgabe zu,
als die Erziehung zur Demokratie, indem sie vor allem die Gleichberechtigung selbst als Praxis ihres Alltags verinnerlicht.
Ein türkisches Sprichwort besagt, daß unsere Erziehung auch
der Spiegel unseres gesellschaftlichen Führungsverständnisses ist.
Überträgt man den Sinn dieses Sprichwortes auf den Erziehungs-
auftrag einer demokratischen Gesellschaft, so ist sie in dem Maße
glaubwürdig in ihrem demokratischen Anliegen, in dem es ihr
gelingt, die Funktionsstrukturen ihrer Erziehungsstätten nach den
Grundprinzipien der Demokratie zu regeln.
Aber ist es andererseits möglich, unter den sämtliche Institutionen
des Landes beherrschenden Führungsbedingungen eines Einparteien-
regimes demokratische Erziehung zu verwirklichen? Eines Regimes,
das, wie man in der Türkei sah, kaum imstande war, die Interessen
aller zu vertreten. Für den Fall der Dorfinstitute muß diese Frage
bejaht werden. Aus der Perspektive der restriktiven Bedingungen der
türkischen Gesellschaftsordnung betrachtet, gehört es um so mehr zu
den Errungenschaften der Dorfinstitute, als sie die Mechanismen ihres
Alltags in der Tat im Sinne demokratischer Erziehungsideale planen
und gestalten konnten. Die demokratische Erziehung wurde in den
Dorfinstituten verwirklicht, indem das Prinzip Gleichberechtigung
nicht als theoretische Formel, sondern als das Handeln bestimmendes

Leitmotiv von allen Institutsmitgliedern anerkannt und angewandt wurde. Dies implizierte zugleich die Gleichbehandlung aller als erfahrbare Lebensqualität.

Ich erwähnte bereits, daß sämtliche Arbeiten von Lehrern und Schülern gemeinsam angegangen wurden. Während sich die Schüler auf dem Bau oder auf den Feldern betätigten, gönnten sich die Lehrer ebenfalls keine Pause. Nicht selten kam es vor, berichteten mir Absolventen, daß die Lehrer mit größerer Anstrengung, etwa beim Tragen von Säcken, Steinen u. ä. vorangingen. Auch in den Eßsälen saß man zusammen und aß gemeinsam dieselben Mahlzeiten.

So unbedeutend diese Handlungsformen auch erscheinen mögen, standen sie doch in krassem Widerspruch zu den gängigen Handlungsmustern innerhalb herkömmlicher Erziehungseinrichtungen. Dort, wo das Lehren und Lernen angesichts beinahe versteinerter Hierarchie- und Autoritätsstrukturen immer wieder erfahren wird, um es mit Freires Worten auszudrücken, im Bestehen unversöhnlicher Pole zwischen Lehrern und Schülern,[193] muß der Lehrer zwangsläufig eingehüllt werden in die Aura eines Halbgottes. Wie anders soll aber ein Schüler Selbstbewußtsein als Voraussetzung gleichberechtigten Handelns erlangen, wenn das Verhalten des Lehrers nicht die Basis schafft für eine gleichwertige menschliche Begegnung und Berührung zwischen ihm und seinen Schülern?

Eng verbunden mit der Absicht, die Schüler zu selbstbewußten Menschen zu erziehen, war ihre Einbeziehung in die Verwaltung bzw. Leitung der Institute. Diese Aufgabenbereiche wurden von Gremien verwaltet, die sich zu gleichen Teilen aus Lehrern und aus von den Schülern gewählten Gruppensprechern zusammensetzten. In keiner anderen Erziehungseinrichtung der Türkei wurde weder vor noch nach der Phase der Dorfinstitute ein solches Verfahren praktiziert, das den Schülern das Recht auf Mitbestimmung einräumte. Ein Mensch kann jedoch nicht anders der Gleichberechtigung innewerden, als daß ihm Entscheidungen überlassen werden, für die er einstehen muß. Andererseits kann die freie Entscheidungsfindung sich nur da entfalten, wo der Meinungsfreiheit keine Grenzen gesetzt

---

193 Freire, P.: Pädagogik der Unterdrückten, Stuttgart/Berlin 1974

sind. Überhaupt ist die Meinungsfreiheit auf seiten der Lehrer wie der Schüler die wichtigste der verschiedenen Arten von Gleichberechtigung und wohl auch die einzige, die sich kaum mit Begrenzung verträgt, wenn die Schüler zur Mündigkeit gelangen sollen. Und gerade die Mündigkeit der Bürger macht den Kern dessen aus, was jedwedem Prinzip der Demokratie erst Geltung verschafft. Wie ich zuvor schon bemerkte, wurden die Schüler nicht nur zur freien Äußerung ihrer Erlebnisse und Empfindungen motiviert, sondern darüber hinaus zur Kritikfähigkeit, sowohl untereinander als auch gegenüber ihren Lehrern. Während in allen anderen Schulen der Türkei kritische Äußerungen nur von den Vorgesetzten in Richtung Untergebene möglich waren bzw. immer noch sind, wurden die Schüler der Institute angespornt, von ihren Lehrern und Institutsleitern sogar Rechenschaft für Handlungen zu verlangen. Kurzum, wenn etwas zu bereden war, gab es keinen Grund, mit Worten zu sparen. Die folgende Anekdote aus den Memoiren von Yalman verdeutlicht das Ausmaß des demokratischen Geistes in den Instituten:

„Der Institutsleiter wählte einen Schüler für einen Auftrag aus, den sie gemeinsam ausführen sollten. Es handelte sich dabei um einen Ausflug in ein Dorf, um Gespräche mit Dorfbewohnern über die Erledigung verschiedener Institutsarbeiten zu führen ... Der Schüler meldete sich zur verabredeten Stunde beim Institutsleiter; dieser jedoch war mit dringenden Telegrammen beschäftigt und sagte: 'Komm in einer Stunde'. Dann erschien ein Besucher und wiederum mußte der Institutsleiter den Jungen zurückschicken. Bis zum Abend erschien der Junge mehrmals beim Institutsleiter. Schließlich beschloß der Institutsleiter, den Auftrag auf den nächsten Tag zu verlegen. Der Schüler stellte sich aufrecht vor den Institutsleiter auf und sagte mit würdevoller Stimme: 'Herr (höfliche Anrede im Türkischen; Anmerk. d. Verf.), sie sind ein Lügner. Sie raten uns, keine Lügen zu erzählen, aber Sie lügen selbst ...' Der Institutsleiter wurde nicht wütend. Ruhig sagte er: 'Mein Sohn, du hast recht, aber du bist etwas ungerecht und würdest keinen guten Richter abgeben. Du konntest sehr wohl sehen, daß es nicht in meiner Macht stand, mein Wort zu halten. Wenn ich log, so doch wegen wichtiger Arbeiten, die uns alle betreffen ...' Drei Monate vergingen. Und eines Tages meldete sich jener Schüler beim

Institutsleiter: 'Herr, ich habe drei Monate lang nachgedacht, und ich bin zu dem Schluß gelangt, daß ich ungerecht war. Was Sie sagten, war nicht, wie ich meinte, Lüge, sondern das Ergebnis unvorhersehbarer Ereignisse, die sich nicht vermeiden ließen." [194]

Yalman selbst bemerkt, daß sich die zitierte Szene unter den Bedingungen der herkömmlichen Schule wohl kaum ereignet hätte.[195] Ein junger Mensch, der in einem patriarchalisch-autoritären System aufgewachsen ist, wäre zunächst ohne die entsprechenden Voraussetzungen kaum imstande, seinen Gefühlen offen Ausdruck zu verleihen. Hätte sich ein rebellischer Geist dies zu tun trotzdem gewagt, so wäre er mit Sicherheit bestraft worden.

In Anbetracht der Tatsache, daß bis heute nicht einmal in den Schulen der bürgerlichen Demokratien der Ansporn zur Kritikfähigkeit gängig ist, war ihre Praktizierung in den Dorfinstituten meines Erachtens eine ihrer hervorragendsten Beiträge zur emanzipatorischen Pädagogik. Zweifellos aber war die pädagogische Wirksamkeit eines solchen Ansporns in jenem Signal angelegt, durch den sich die Schüler als geachtete Wesen erkannten. Denn das Prinzip Gleichberechtigung wäre sicherlich eine hohle Formel geblieben, wenn die Schüler nicht von Anfang an erfahren hätten, daß ihre Worte und Fragen ernst genommen wurden und ihre Kritiken gleichzeitig auch Veränderung der Sachverhalte bewirkten, gegen die sich die Kritiken richteten.

Zur Veränderbarkeit sozialer Strukturen durch Erziehung

Die Entstehung der Dorfinstitute aus der Sicht ihres Initiators Tonguç resultierte gleichzeitig aus einer Kritik an der bestehenden Gesellschaft und ihrer Institution Schule sowie ihren entfremdenden Unterdrückungsstrukturen. Ausgehend von seiner Erkenntnis, daß der entscheidende Hebel zur Veränderung sozialer Strukturen im Bildungswesen liege, zielte Tonguç mit der Veränderung der

---

194 Yalman, A. E.: Yarının Türkiyesine Seyahat, o. O., o. J., S. 18 f.. Übersetzung v. d. Verf.

195 ebd.

pädagogischen Inhalte und Verfahren der Institution Schule nicht
nur auf die Abschaffung ihrer Funktion als Garant herrschender
Verhältnisse; der Schule wurde die Veränderung bestehender
Strukturen als eine weit bedeutendere Funktion unmittelbar
zugewiesen.

Von entscheidender Bedeutung war jedoch für Tonguç die Umwandlung der ländlichen Strukturen. Und dies nicht nur, weil die ländliche
Bevölkerung den größten Anteil an der Gesamtbevölkerung ausmachte
und Tonguç in ihr die wahren Opfer der Unterdrückungsmaschi-
nerie erkannte. Indem Tonguç der städtischen Bevölkerung jedwede
Fähigkeit zur Veränderung der bestehenden Verhältnisse absprach,
wurde für ihn die ländliche Bevölkerung zur einzigen treibenden Kraft
hinsichtlich der Zukunft der gesamten Gesellschaft.

Aus diesem Kontext erhebt sich als Basis für meine nachfolgenden
Überlegungen die Frage, ob die Erziehung imstande ist, als alleiniges
Instrument die Veränderung sozialer Strukturen zu bewirken. Die in
dieser Frage implizite Problemstellung wird deutlich, wenn man sich
das Verhältnis von Erziehung zur Gesellschaft mit den Worten Freires
vergegenwärtigt:

„Nicht die Erziehung prägt die Gesellschaft in einer bestimmten
Weise, sondern die Gesellschaft mit ihrer eigenen Ausprägung schafft
die Erziehung mit den Werten, nach denen sich die Gesellschaft
richtet." [196]

Ein solcher Sachverhalt prägt sich ein. Aber in dem von Tonguç
entworfenen Konzept spielte er kaum eine Rolle. Vergessen blieben
darin ebenso die Lebensbedingungen der Arbeiter und daran
anschließend die Frage, inwieweit in einem Land Strukturen
veränderbar sind, wenn nicht die Abschaffung der Ausbeutung
seiner Arbeiter und die Verbesserung auch ihrer Erziehungs- und
Bildungssituation gleichsam als Voraussetzung impliziert werden.
Selbst wenn die Majorität der Bevölkerung im ländlichen Raum
lebte, konnte die Anhebung des Agrarsektors allein der Umwandlung
gesamtgesellschaftlicher Strukturen nicht dienlich sein, solange der

---

196 Freire, P.: Pädagogik der Solidarität, Wuppertal 1974, S. 28

Industriesektor nicht gleichzeitig ausgebaut und seine Bedingungen verbessert wurden.

Statt dessen wurde für Tonguç im Hinblick auf die von den Dörfern ausgehende Zukunft der Gesellschaft die Funktion des Lehrers zur entscheidenden Größe. Es war zweifellos fortschrittlich, daß der Handlungsspielraum des Lehrers nicht nur auf die Klassenräume reduziert wurde. Die aktive Partizipation des Lehrers am Leben der Bevölkerung auch außerhalb des Unterrichts kann in der Tat nur im Interesse einer emanzipatorischen Pädagogik sein. Aber die Rolle eines Lehrers hinsichtlich der Verbesserung von Lebensbedingungen kann nur in dem Maße erfolgversprechend sein, in dem es der Gesellschaft gelingt, parallel hierzu ihr Führungssystem nach den Kriterien einer Demokratie zu richten. Dies wiederum ist ein Akt, der die Partizipation aller Bevölkerungsschichten auf der politischen Machtebene in maßgeblichem Umfang unabdingbar macht. Andernfalls bleibt die Funktion des Lehrers abstrakt und der Lehrer selbst isoliert.

Und genaugenommen verhielt es sich mit den Lehrern aus den Dorfinstituten weit schlimmer, weil man ihnen bald nach ihrer Amtseinführung jedwede Möglichkeit verwährte, auch nur annähernd gemäß ihrer ursprünglichen Aufgabenstellung tätig zu werden. Aber in Anbetracht der ungleichen Kräfteverhältnisse und der Aufgabe des Lehrers bezüglich der Bewußtmachung von Bauern gegenüber der sozialen Wirklichkeit war das Scheitern des Vorhabens von Tonguç nahezu prädestiniert.

Jede bewußte Auseinandersetzung des Bauern mit der sozialen Wirklichkeit bedeutete unter den gegebenen Bedingungen zwangsläufig die kritische Entdeckung seiner eigenen Situation als Unterdrückter, was ja auch von Tonguç selbst intendiert wurde. Wenn aber soziale Phänomene entsprechend des Ansatzes von Tonguç auch verändert werden sollten, so beinhaltete die Bewußtmachung zugleich die Ablehnung jedweder Art von Unterdrückung und verlangte entsprechendes Handeln. Daß die Absolventen trotz der kurzen Zeitspanne ihrer Tätigkeit gemäß der originären Aufgabenstellung Ansätze dieser Entwicklung verwirklichen konnten, wurde durchaus beobachtet.[197] Parallel zur Evolution der Dorfinstitute zeigte sich allerdings auch, daß die machtspezifischen Einflußmöglichkeiten der ländlichen Elite trotz Republikgründung unangefochten fortbestanden. Die Großgrundbesitzer besaßen nach wie vor die Macht zur Unterdrückung der Bauern, und dies nicht nur, weil diesen mangels Erziehung und Bildung das Bewußtsein der eigenen Ausbeutung und Unterdrückung fehlte. Tatsächlich gehörten 20 bis 30 Dörfer mitsamt ihren Bauern einem Großgrundbesitzer, manchem sogar weit mehr. Nicht selten waren bzw. sind immer noch in den Zeitungen Inserate über verkäufliche Dörfer zu finden. Die nachfolgende Zeitungsanzeige aus dem Jahre 1949 liefert ein Beispiel hierzu:

„DRINGEND ZU VERKAUFEN
UNABHÄNGIGES DORF

3 Stunden von Diyarbakır entfernt, mit 10.000 dönüm (ca. 900 Hektar, Anm. d. Verf.) Land, der Stadt Diyarbakır angehörendes Dorf Havi Paşa ist mit Gesamtfläche zu verkaufen.
Die Interessenten können sich an Agah Arman wenden.

Adresse:
... " [198]

Unter diesen Bedingungen war es den Bauern nicht einmal möglich, ohne die Erlaubnis des Großgrundbesitzers in einem anderen Ort tätig zu sein, weil ihre Anbindung an die Großgrundbesitzer nicht überwindbar war.
Angesichts dieses Sachverhaltes fragt es sich nun, welcher Großgrundbesitzer einer seine eigene Existenz gefährdenden Entwicklung tatenlos zusehen würde. Oder anders ausgedrückt: Auch wenn man per Gesetz eine Schule, wie die Dorfinstitute, in die Dörfer brachte, würde ein Großgrundbesitzer ihre Erfolge, welche über kurz oder lang seinen eigenen Machtschwund bedeuteten, dulden? Die in den

---

197 Geray, C.: Köy Enstitülerini Anarken. In: „Yankı", o. O. vom 28. 4. 1980

198 In: „Diyarbakır Gazetesi" vom 7. 9. 1940. Übersetzung v. d. Verf.

vorangegangenen Kapiteln skizzierte Geschichte der Dorfinstitute gibt die Antwort hierauf.

Andererseits steht es meines Erachtens außer Frage, daß die Unwissenheit ein wichtiger Faktor der Unterdrückung ist. Aber es muß ebenso überlegt werden, ob das Wissen über die soziale Wirklichkeit den Hunger und überhaupt die Angst um die Existenz allein besiegen kann. In diesem Zusammenhang wurde beobachtet, berichteten mir Absolventen, daß sich auch diejenigen Bauern unter dem Druck der Großgrundbesitzer von den Lehrern aus den Dorfinstituten abwandten, mit denen sie sich zuvor durchaus solidarisch gezeigt hatten.

Diese Erfahrung rechtfertigt folgende Schlußfolgerung: Die Erziehung und Bildung sozial benachteiligter Bevölkerungsschichten ist richtig und wichtig; allerdings gehört es zur Verbesserung ihrer Lebenssituation, gleichzeitig oder besser noch vorher einschneidende Maßnahmen durchzuführen, durch die in erster Linie ihre Existenz gesichert werden müßte.

Sicher, in der Türkei wurde bald nach der Republikgründung die Gleichstellung aller Bürger gesetzlich geregelt. Aber es ist offensichtlich, daß die Wirkung eines solchen Gesetzes dort ausbleibt bzw. zwangsläufig ausbleiben muß, wo die Abschaffung der Abhängigkeitsverhältnisse als praktische Konsequenz eines solchen Gesetzes nicht vollzogen wird. Und solange der Bauer hinsichtlich seiner Nahrung, Bekleidung und seines Wohnens von der Gnade desjenigen abhängt, auf dessen Boden er zudem lebt, muß er faktisch abhängig und in seiner Existenz unsicher bleiben. Erst wenn der über Jahrhunderte den Bauern durch Repressalien verschiedenster Art entzogene Boden ihnen wieder zurückgegeben wird, wird man einen wesentlichen Schritt in Richtung Abschaffung von Unterdrückung getan haben. Solange dies nicht geschieht, was in der Türkei heute noch der Fall ist, muß jeder allein auf Erziehung basierende Versuch, wie emanzipatorisch er auch sein mag, die Erfahrung machen, daß der Erziehung als einzigem Weg zur Veränderung sozialer Strukturen im Kontext ungleicher Kräfteverhältnisse Grenzen gesetzt sind.

Schlußbemerkungen

Die Auseinandersetzung mit dem gegenwärtigen Zustand des türkischen Bildungswesens liefert wahrhaftig allerlei Grund zur Entmutigung. Insbesondere in den vergangenen zwei Jahrzehnten wurde es immer mehr einer Arena gleichgemacht, auf der die politischen Parteien ihre ideologischen Wettkämpfe austragen. Daß mit jedem Regierungswechsel immer wieder zahllose Schulbücher vom jeweiligen Erziehungsministerium konfisziert werden, ist in der Türkei, zumindest in den pädagogisch interessierten Kreisen, allzu gut bekannt. Bei ihrer Neubearbeitung treten - je nach politischer Sympathie - mal rassistische und chauvinistische oder, wie es die gegenwärtigen Rahmenpläne zeigen, religiöse Leitmotive stärker in den Vordergrund.[199]

Fast unberührt bleiben demgegenüber die angewandten Lehrmethoden, da sie die Einübung in die herrschende Ideologie wohl stets problemlos ermöglichen. Abgesehen von dem Verfahren der Dorfinstitute, sind dem türkischen Bildungswesen kaum andere Lehrmethoden bekannt, als die Wiederholung und das mechanische Auswendiglernen von vorgefertigten Texten. Solche Verfahren eignen sich vortrefflich dafür, daß sich die Schüler als passive Rezipienten erfahren. Sie sind zudem geeignet, eine Standardisierung des Denkens herbeizuführen, da sie weder das Fragen noch das Infragestellen als entscheidende Momente des selbständigen Denkens zulassen.

---

199 Timuroğlan, V.: Çağdışı„Müfredat". In: „Cumhuriyet Hafta", 12. - 18. Juli 1992

Freilich ist es keineswegs unberechtigt, wenn man auch die Frage nach der Verantwortung der Lehrer an dieser Misere stellt. Von Mustafa Kemal einst als „Fackelträger der Zukunft" gefeiert, gehören sie jedoch heute selbst einem Berufsstand an, der über keinerlei gesellschaftliches Ansehen mehr verfügt. Sowohl die Inhalte als auch die Methoden ihrer Ausbildung scheinen sich kaum von denen zu unterscheiden, die sie später in ihrer eigenen Berufspraxis zu übernehmen genötigt sind. Ganz zu schweigen von den verheerenden Arbeitsbedingungen, denen die meisten von ihnen ausgesetzt sind: notdürftig ausgestattete Schulen; heillos überfüllte Klassen, in denen die Schülerzahlen oft zwischen 50 und 70 liegen; Gehälter, die nur ein Leben am Rande des Existenzminimums zulassen. Und nicht zuletzt willkürliche Versetzungen, aber auch Verfolgungen, die nach wie vor auf der Tagesordnung sind ...

Mühelos ließe sich die Auseinandersetzung mit dem heutigen Zustand des türkischen Bildungssystems weiter fortsetzen. Wichtiger erscheint mir nunmehr die Frage, was hinsichtlich der Zukunft von Erziehung und Bildung in der Türkei zu tun wäre.

Die Auseinandersetzung mit der Geschichte der Dorfinstitute verdeutlichte mir, daß die Erziehung von ihrer gängigen Funktion als Garant herrschender Verhältnisse befreit werden könnte, wenn man ihr neben der Verbreitung bereits angehäufter gesellschaftlicher Werte, auch die Entwicklung und Veränderung dieser als Aufgabe zumuten würde. Daß es vor allem auch möglich ist, alternative Lernformen zu entwickeln, durch die die Schüler das institutionalisierte Monopol und seine gesellschaftlichen Ursachen infrage stellen könnten, wurde meines Erachtens durch die Dorfinstitute trotz ihrer kurzen Bestehensphase demonstriert. Nie wieder ist es dem türkischen Bildungswesen gelungen, einen auch nur annähernd so fortschrittlichen Schritt zu tun. Das Denken wird im Gegenteil immer mehr zur Marionette einer privilegierten Minderheit gemacht. Und dennoch rechtfertigen meines Erachtens diese Erkenntnisse nicht eine Forderung, wie sie von seiten einer Reihe von Pädagogen noch heute in der Türkei gestellt wird, daß man die Dorfinstitute wieder einführen müßte. Eine solche Forderung verdeutlicht nicht zuletzt das Fehlen konkreter Vorschläge zur Überwindung des bestehenden Erziehungs-

und Bildungsdilemmas, die den heutigen Verhältnissen der Türkei angemessen wären.

Die Dorfinstitute wurden im Kontext bestimmter gesellschaftlicher Bedingungen gegründet, die sich seither gewandelt haben. Allein die marktwirtschaftlichen Funktionszwänge, die die Wirtschaft der Türkei bestimmen, führten zur Aufhebung der geschlossenen Dorfstruktur. Unter Berücksichtigung gegenwärtiger politischer, wirtschaftlicher und sozialer Zusammenhänge darf daher die Forderung nicht sein, „führt die Dorfinstitute wieder ein". Um auch den Errungenschaften der Dorfinstitute gerecht werden zu können, müßte die Forderung heute vielmehr lauten, daß aus den Prinzipien ihrer Funktionszusammenhänge sowie ihren Erfahrungen die nötigen Lehren zur Umsetzung innerhalb bestehender Verhältnisse ausgearbeitet werden sollten. Dies wurde bisher versäumt.

Literaturverzeichnis

Altunya, N.: Köy Enstitüleri Sistemine Toplu Bir Bakış. In: „abece", Nr. 1 vom April 1986

Anabritanica. Karşılaştırmalı Ulusal İstatistikler, o. O. 1986

Apaydın, T.: Karanlığın Kuvveti. Köy Enstitüsü Yılları, o. O., 1967

Arkadaş. Publikationen des Türkischen Lehrervereins, Köln, März 1985, Heft 10

Arman, H.: Piramidin Tabanı. Köy Enstitüleri ve Tonguç, Ankara 1969
- ders.: Köy Enstitüleri neydi, ne değildi? In: „İnceleme" vom 18. 4. 1973

Atatürk'ün Söylev ve Demeçleri, Ankara 1945, I
- dass., Ankara 1959, II

Avcıoğlu, D.: Türkiye'nin Düzeni, Ankara 1968

Aydemir,Ş. S.: İkinci Adam, İstanbul 1965, Bd. II

Balkır, S. E.: Dipten Gelen Ses. Arifiye Köy Enstitüsü, İstanbul 1974
- ders.: Köy Eğitmeni Yetiştirme Kursları. In: Tonguç'a Kitap, o. O., o. J.

Başaran, M.: Tonguç Yolu, İstanbul 1974

Başgöz, I., Wilson, H.: Türkiye Cumhuriyetinde Eğitim ve Atatürk, Ankara 1968

Baykurt, F.: Çorumlu Döne. In: „Cumhuriyet" vom 24. 8. 1960
- ders.: Köy Enstitüleri ve İçtenlik. In: „Cumhuriyet" vom 17. 4. 1971

Bayrak, M.: Köy Enstitüleri Kuşağı. In: Yeni Ortam, o. O. vom 17. 4. 1973
- ders.: Köy Enstitülü Sanatçılar. In: Yeni Toplum. Özel Sayı, o. O., April 1976

Beşikçi, İ.: Dokumente und Analysen zur Lage der Kurden in der Türkei, Zürich, o. J.

Bilecikli, H.: Uygulama Bölgesi ve Öğretmen Adaylarının Stajları. In: Tonguç'a Kitap, o. O., o. J.

Cem, İ.: Türkiye'de Geri Kalmışlığın Tarihi, İstanbul 1979

Cumhurbaşkanlarının, Başbakanların ve Milli Eğitim Bakanlarının Milli Eğitimle ilgili Söylev ve Demeçleri, Bd. II, o. O., 1946

Dewey, J.: Erfahrung und Erziehung, Braunschweig 1964

Die sozialistische Bewegung in der Türkei. Entstehung, derzeitige Stellung und Entwicklungschancen, Hamburg 1980

„Diyarbakır Gazetesi" vom 7. 9. 1949

Dumont, P.: Türkiye'de İslam Yenilik Ögesi Mi? In: Türkiye Sorunları Dizisi, İstanbul 1988, Nr. 4

Ekmekçi, M.: Mecliste Köy Enstitüleri Nasıl Açıldı, Nasıl Kapandı? In: Köy Enstitüleri. Yeni Toplum, Özel Sayı, Ankara 1976

Fischer, H.: Die neue Türkei und der Islam, Kulmbach 1932

Freire, P.: Pädagogik der Unterdrückten, Stuttgart/Berlin 1974
- ders.: Pädagogik der Solidarität, Wuppertal 1974

Galperin, P. J.: Die Psychologie des Denkens und die Lehre von der etappenweisen Ausbildung geistiger Handlungen. In: Untersuchungen des Denkens in der sowjetischen Psychologie. Berlin 1967

Gedikoğlu, Ş.: Evreleri, Getirdikleri ve Yankılariyle Köy Enstitüleri, Ankara 1971

Geray, C.: Köy Enstitülerini Anarken. In: „Yankı", o. O. vom 28. 4. 1980

Gesellschaft zur Erforschung der türkischen Geschichte, 1935

Güner, İ. S.: Köy Enstitüsü Hatıraları, o. O. 1963

Harris, G. S.: Troubled Alliance. Turkish-American Problems in Historical Perspective 1945-1971, Washington D.C. 1972

Hausmann, G.: Vom Beitrag der Türkei zur Pädagogik unseres Jahrhunderts. In: Erziehung und Wirklichkeit. Festschrift zum 50jährigen Bestehen der Odenwaldschule, Braunschweig 1960
- ders.: Zur Pädagogik der Entwicklungsländer. In: Weltweite Erziehung. Festschrift für Friedrich Schneider, Freiburg 1961

İnan, M. R.: Köy Enstitüleri ve Sonrası, Ankara 1988

İnönü, İ.: İlk Öğretimin Yeni Yılı. In: „Ulus" vom 18. 4. 1945

İşyar, İ.: Köy Enstitüleri ve Politeknik Eğitim. In: „Politika" vom 21. 4. 1978

Kazamias, A.: Education and the Quest for Modernity in Turkey, London 1969

Kerschensteiner, G.: Der Begriff der Arbeitsschule, Leipzig 1913

Keskin, H.: Die Türkei. Vom Osmanischen Reich zum Nationalstaat, Berlin 1981

Kirby, F.: The village institute movement of Turkey: An educational mobilization for social change. Unveröffentlichte Dissertation, Columbia University, New York 1960
- dies.: Türkiye'de Köy Enstitüleri, Ankara 1962

Kleff, H.-G.: Vom Bauern zum Industriearbeiter, Mainz 1985

Köy Enstitüleri Öğretim Programı, Maarif Vekaleti, Ankara 1943

Köy Enstitüleri Yönetmeliği. In: Tebliğler Dergisi, Nr. 431, 28. 4. 1947

Kudret, C.: Benim oğlum binâ okur, İstanbul 1983

Makal, M.: Memleketin Sahipleri, o. O., 1954
- ders.: Köy Enstitüleri ve Ötesi, İstanbul 1979
- ders.: Unser Dorf in Anatolien, Berlin 1981

Mektuplarla Köy Enstitüsü Yılları, o. O., 1976

Meran, H.: Enstitüleri halkın bilinçlenmesini istemeyenler kapattı. In: „Demokrat" vom 17. 4. 1980

Naci, F. (Hrsg.): Atatürk'ün temel görüşleri, o. O., o. J.

Roth, J./Taylan, K.: Die Türkei. Republik unter Wölfen, Bornheim 1981
Rufer, A.: „National-Zeitung", Basel 9. 12. 1951

Selek, S.: Anadolu İhtilali, İstanbul 1965, Bd. II
Soysal, E.: Kızılçullu Köy Enstitüsü Sistemi, o. O., 1943
Steinhaus, K.: Soziologie der türkischen Revolution, Frankfurt/Main 1969

Tebliğler Dergisi: o. O., 1943
Tekben, Ş.: Canlandırılacak Köy Yolunda, o. O., 1947
 - ders.: Neden Köy Enstitüleri. In: Türkiye Milli Gençlik Yayınları, Ankara o. J.
 - ders.: Kooperatif Çalışmaları. In: Tonguç'a Kitap, o. O., o. J.
Tonguç'a Kitap, o. O., o. J.
Tonguç, E.: Köy Enstitüleri ve Tonguç, Ankara 1970
Tonguç, İ. H.: İş ve Meslek Terbiyesi, Ankara 1933
 - ders.: Canlandırılacak Köy, o. O., 1939
 - ders.: İlköğretim Kavramı, o. O., 1946
 - ders.: Pestalozzi Çocuklar Köyü, Ankara 1960
Türkei-Depesche, Nr. 7, Hannover 1986
Türkei-Information, Sonderausgabe, Hamburg 1987
Türkischer Lehrerverein (Hrsg.): Die Dorfinstitute in der Türkei. Köln 1985

Werle, R.: „Modell" Türkei. Ein Land wird kaputtsaniert, Hamburg 1983
Widmann, H.: İsmail Hakkı Tonguç - Ein „türkischer Pestalozzi?". In: Orientierungspunkte internationaler Erziehung, Festschrift für Gottfried Hausmann, Hamburg 1973

Yalçın, O.: Köy Enstitülerinde Serbest Okuma. In: Tonguç'a Kitap, o. O., o. J.
Yalman, A. E.: Yarının Türkiyesine Seyahat, o. O., o. J.
Yalman, N.: Islamic reform and the mystic tradition in eastern Turkey. In: Europäisches Archiv für Soziologie X/1969